AF537343

Charles Ray

Susannah Spurgeon

Charles Ray

Susannah Spurgeon

Die Frau an der Seite des Predigerfürsten

3. Auflage 2020

Titel der Originalausgabe: *Mrs. C. H. Spurgeon*
Als Textvorlage wurde folgende Quelle verwendet:
http://www.biblebb.com/files/SPURGEON/mrsspur.htm

Imkerweg 38 · 32832 Augustdorf
www.betanien.de · info@betanien.de
Übersetzung: Silke Morgenstern
Lektorat: Martin Plohmann
Cover: Sara Pieper, Betanien Verlag
Herstellung: drusala.cz

ISBN 978-3-935558-88-4

Inhaltsverzeichnis

Susannah Spurgeon

Vorwort

Dieses Lebensbild über Susannah Spurgeon wurde 1905 zwei Jahre nach ihrem Tod verfasst. Wir haben Sprache, Stil und Atmosphäre beizubehalten versucht und nur wenig geglättet. Um den besonderen geschichtlichen Wert zu unterstützen, habe ich einige erklärende Fußnoten eingefügt. Ebenfalls ergänzt habe ich die Angabe von Schriftstellen, wo auf solche angespielt wird.

Wie jede Biografie so ist auch dieses Lebensbild von Susannah Spurgeon kein Leitfaden, der heute eins zu eins nachgeahmt werden sollte. Manche Dinge, z.B. die außergewöhnliche nächtliche »Predigtvorbereitung« von Charles Spurgeon (S. 43), möchten wir keineswegs zur Nachahmung empfehlen. Dennoch ist diese kurze Biografie nicht nur ein erstaunliches historisches Zeugnis einer bemerkenswerten Frau. Vor allem die beständige zärtliche Liebe zwischen Mann und Frau liefert ein motivierendes Vorbild für unsere Zeit, aber noch mehr ihre Liebe zum Herrn und ihr praktisches Vertrauen auf ihn auch in langwierigen Leidenszeiten. So ist dieses ganze Buch geprägt von der warmherzigen Beziehung des Ehepaares zueinander und zu dem Gott, an dem sie gemeinsam festhielten.

Eine Besonderheit ist die ausführliche Dokumentation des von Susannah Spurgeon gegründeten und geleiteten Buchfonds. Mit dessen Mitteln versorgte sie bedürftige Prediger und Gemeindehirten mit dem wichtigen Werkzeug für ihren Dienst: gute biblische Literatur. Naturgemäß denken wir bei Hilfeleistungen zuerst an materielle Bedürfnisse. Deshalb ist es sehr gut, wenn uns hier der Horizont erweitert und der Blick auch auf die geistlichen Bedürfnisse im Volk Gottes gerichtet wird. Unter welchen geistlichen Hungersnöten leiden wir heute? Wie kann hier Abhilfe geleistet werden? Wie kann Hirten dazu verholfen werden, für die Gemeinden aus dem Vollen zu schöpfen? Einige Anregungen: Trotz – oder gerade wegen – einer Schwämme auf dem »christlichen Büchermarkt« besteht die Not darin, das wirklich Gute und Nützlich auszulesen und das Schädliche, Irreführende zu meiden. Bei den Ressourcen mangelt es eher an Zeit – und vielleicht Motivation oder Erkenntnis der Notwendigkeit – zum Lesen und Studieren, als an Geld. Aber auch was die finanziellen Mittel betrifft, besteht Bedürftigkeit: von der Produktion aufwändiger Buchprojekte bis zur Versorgung von Bibelschülern, Studenten, Missionaren und heranreifenden, künftigen Gemeindemitarbeitern mit Büchern, Kommentaren und Bibelstudienhilfen gäbe es hier viele Möglichkeiten, dem Reich Gottes zu dienen. Es ist mein Wunsch und Gebet, dass dieses Buch dazu beiträgt.

Hans-Werner Deppe

Einleitung

Das Leben als Ehefrau eines großartigen Mannes, speziell eines besonderen Dieners Gottes, bringt nicht nur besondere Schwierigkeiten mit sich, es verlangt auch ein hohes Maß an Uneigennützigkeit und Selbstverleugnung. Das läuft der menschlichen Natur völlig zuwider. Die Frau, die einem bekannten Prediger und von Gott eingesetzten Pastor eine wirkliche Hilfe sein möchte, muss ihre eigene Persönlichkeit, ihre Ansprüche und Ziele hinten anstellen und sich mit denen ihres Mannes identifizieren. Sie muss imstande sein, oft ohne die Person zurecht zu kommen, die sie am meisten liebt, damit er seine heiligen Aufgaben unbehelligt von häuslichen Störungen erfüllen kann; sie muss ihm jede in ihrer Macht stehende Unterstützung zukommen lassen und darf von Menschen dennoch nicht ihr rechtmäßiges Lob erwarten. Sie muss neue christliche Aktivitäten initiieren und durchführen, und sich damit zufrieden geben, dass sie lediglich als legitimer Bestandteil des Dienstes ihres Mannes betrachtet werden. Sie muss große Verantwortung übernehmen, die eine normale Ehefrau nicht kennt, und die in Verbindung mit vielen anderen Pflichten selbst einen starken Mann überfordern könnte. Wenn schon die allgemeine biblische Aussage: »Wer eine Frau gefunden, hat Gutes gefunden und hat Wohlgefallen erlangt von dem HERRN« [Spr 18,22], der Wahrheit entspricht, wie viel mehr muss sie dann auf einen Diener Gottes zutreffen, der von seiner Lebenspartnerin ermutigt und unterstützt wird! Christliche Gemeinden wissen oftmals nicht, was sie den Frauen ihrer Pastoren wirklich verdanken. Häufig hört man das schwache Lob: »Sie hat getan, was sie konnte.« Diese Erklärung drückt normalerweise aus, dass sie mehr und besser hätte arbeiten können. Wie viele von denen, die auf diese Weise mehr oder weniger hochnäsig die Arbeit einer Pastorenfrau beurteilen, tun nur einen Bruchteil des Guten, der ihr zugeschrieben werden kann?

Ihren Glaubensschwestern in ähnlichen Situationen könnte kein großartigeres Beispiel von den Möglichkeiten einer Predigerfrau gegeben werden als das von Susannah Spurgeon, deren Tod am 22. Oktober 1903 die Gemeinde ungeahnt ärmer machte. Aufgrund der bereits großen Beliebtheit ihres Mannes hatte diese zurückhaltende Frau schon in jungen Jahren mit besonderen Schwierigkeiten sowie ihrer plötzlichen Bekanntheit zu kämpfen. Nur wenige überstehen das, ohne hochmütig zu werden. Als dann ein Ansturm von Beschimpfungen und Verleumdungen über ihren Geliebten hereinbrach, wäre es nicht verwunderlich gewesen, wäre sie unter dieser Last zusammengebrochen. Aber sie ertrug es mit Fassung, und durch tröstende Worte, starke Zuneigung, Frömmigkeit und Glauben half sie ihm, den Sturm zu überstehen. Mit Herz und Seele stand sie voll hinter der Arbeit ihres Mannes, schränkte sich ein, um die unterschiedlichsten Bemühungen finanziell zu unterstützen, und handelte selbst in den kleinsten Dingen gemeinsam mit ihrem Ehemann als treue Verwalterin Gottes, dem sie vertraute. Keine Frau erfüllte ihr Eheversprechen treuer als sie. In Gesundheit und Krankheit, in guten wie in schlechten Tagen – stets war sie ihm eine Hilfe. Es dürfte schwierig sein, eine andere Frau zu finden, die trotz widriger Umstände und Bedingungen, Krankheit und Gebrechlichkeit Gott und den Menschen so sehr diente wie Susannah Spurgeon. Ihr Leben war eine einzige Selbstaufopferung. Sie hätte die Kraft, die sie für sich selbst gebraucht hätte, nicht für andere einsetzen müssen. Niemand hätte ihr einen Vorwurf gemacht, wenn sie sich wegen ihrer Krankheit geschont hätte. Aber sie tat es gern und »im Herrn«. Ihr Leben ist ein wunderbares Beispiel dafür, was eine schwache Frau schaffen kann, die sich dem Dienst Gottes widmet. Allen echten Christen wird sie nicht nur als Frau von Charles Haddon Spurgeon in Erinnerung bleiben, sondern auch als eigenständige Person, als Frau, die in ihren Leiden Trost im Dienst für andere fand.

Die Jugend

Susannah Spurgeon wurde am 15. Januar 1832 geboren und verbrachte ihre Jugend teilweise in den südlichen Vororten und in der City von London, die damals noch Wohngebiet war. Es waren bewegte politische Zeiten; es gab Kriege und Kriegsgerüchte, aber wahrscheinlich wusste die junge Dame nur wenig darüber, da es englischen Mädchen damals nicht gestattet war, Morgen- und Abendzeitungen zu lesen und ihre tagespolitische Meinung nicht gefragt war. Ihr Vater, Mr. R. B. Thompson, und ihre Mutter besuchten von Zeit zu Zeit die *New Park Street Chapel* in Southwark.* Ihre Tochter Susannah begleitete sie normalerweise, so dass sie mit dem Dienst des Pastors James Smith (der spätere Pastor von Cheltenham) vertraut war. Susannah Spurgeon beschrieb ihn als –

> originellen und markigen Prediger, der schon viele Seelen zu Christus geführt hatte. Oft sah ich zu, wie er neu bekehrte Gläubige taufte, und ich fragte mich mit tränenvoller Sehnsucht, ob ich jemals meinen Glauben an den Herrn Jesus so bekennen könnte. Ich kann mich an

* Die New Park Street Chapel war das damalige Gemeindehaus der geschichtsträchtigen Baptistengemeinde von Southwark, einem Stadtbezirk unmittelbar südlich der City von London.

> die altmodische, gediegene Gestalt des alten Diakons erinnern, vor dem ich große Ehrfurcht hatte. Er war Rechtsanwalt und trug seidene Kniestrümpfe und knielange Hosen, wie sie früher modern waren. Zur Bekanntgabe der Lieder trat er an ein Pult direkt unterhalb der Kanzel. Von meinem Platz aus konnte ich ihn von der Seite beobachten. Ich kann mich noch gut an den kleinen, untersetzten Mann mit seinem rundlichen Körper, verhüllt von einem langen Frack, erinnern. Dies alles verlieh ihm eine unverkennbare Ähnlichkeit mit einem riesigen Rotkehlchen; und wenn er die Liedstrophen mit piepsender Stimme zwitscherte, dachte ich, nun ist diese Ähnlichkeit vollkommen.

Diese frühen Erfahrungen in der New Park Street Chapel gehören zu den lebendigsten Erinnerungen von Susannah Spurgeons Leben. Sie fährt fort:

> Ich kannte auch die seltsame treppenlose Kanzel; sie sah aus wie ein großes Schwalbennest und konnte durch eine Tür in der Wand von hinten betreten werden. Das stille und »unheimliche« Erscheinen des Predigers auf der Kanzel begeisterte meine kindliche Vorstellung stets aufs Neue. In dem einen Augenblick war der Kanzelraum leer – und im nächsten – ich hatte nur ganz kurz auf die Bibel oder das Liederbuch geblickt – saß oder stand der Prediger dort, um mit dem Gottesdienst zu beginnen! Ich fand es wirklich sehr interessant, und obwohl ich von der vorhandenen Tür wusste, durch die der Mann ans Rednerpult trat, erlaubte ich diesem Wissen nicht, mei-

> ne geliebten Phantasien zu beeinflussen oder sie gar wegzuerklären. Es war gewiss etwas Einzigartiges, dass ich auf genau dieser Kanzel, die eine solche Anziehungskraft auf mich ausübte, zum ersten Mal die Liebe meines Herzens, das Licht meines irdischen Lebens, erblicken sollte.

Die Besuche des jungen Mädchens in der New Park Street Chapel wurden zweifellos dadurch noch häufiger, dass das ältere Ehepaar Olney Susannah mochte und oft zu sich einlud. Bei diesen sonntäglichen Besuchen begleitete sie Mr. und Mrs. Olney zur Gemeinde und so hatte sie bald mehrere Verbindungen zu dem Ort, der später in ihrem Leben noch eine so große Rolle spielen sollte. Aufgewachsen in einer frommen Familie und einem Freundeskreis von ernsthaften Gläubigen, stand Susannah Thompson der Bedeutung des persönlichen Glaubens nicht gleichgültig gegenüber, aber erst durch eine Predigt von Reverend S. B. Bergne in der alten Poultry Chapel über Römer 10,8 (»das Wort ist dir nahe, in deinem Mund und in deinem Herzen«) wurde das Mädchen auf die Notwendigkeit der persönlichen Errettung aufmerksam. Sie sagte:

> Seit dieser Predigt spürte ich das wahre Licht in meinem Herzen anbrechen. Durch seinen Diener sprach der Herr zu mir: »Gib mir dein Herz«, und bezwungen von seiner Liebe, fasste ich in dieser Nacht den ernsthaften Entschluss, mich ihm vollkommen hinzugeben.

Damals gab es noch keinen Jugendbund für entschiedenes Christentum und nur wenige Versuche, Jungbekehrte zum

Dienst für den Herrn zu ermutigen. Fehlende Gemeinschaft mit Gleichgesinnten sowie der Mangel an christlicher Beschäftigung – die den Verstand anregen und die Erkenntnis Gottes fördern könnte – sind wohl mehr oder weniger verantwortlich für die Kälte und Gleichgültigkeit, die innerhalb kürzester Zeit den Platz von Freude und Seelenglück über die Bekehrung einnimmt. »Zeiten der Dunkelheit, Mutlosigkeit und des Zweifels kamen über mich«, sagte sie, »aber ich verbarg all meine Glaubenserfahrungen sorgfältig in meinem Herzen.« Susannah hielt Verzagtheit und Hemmungen für die Ursachen ihres schwachen und müden Seelenzustands. Zu diesem Zeitpunkt kam sie zum ersten Mal unter den Einfluss des Mannes, der ihr ein paar Jahre später zum teuersten Menschen wurde.

Erste Begegnung mit C. H. Spurgeon

Am Sonntagmorgen des 18. Dezember 1853 predigte Charles Haddon Spurgeon, damals ein unbeholfener 19-Jähriger vom Land, zum ersten Mal in der New Park Street Chapel. Susannah Thompson besuchte an diesem Sonntag Mr. und Mrs. Olney, aber sie ging nicht mit zur Predigt. Dennoch interessierte sie sich wie viele andere für das Ergebnis des viel diskutierten Experiments, einen jungen Dorfburschen auf der historischen Kanzel von Benjamin Keach, John Gill und John Rippon predigen zu lassen. Nach dem Morgengottesdienst waren die Olneys voll des Lobes über den Prediger. Gemeinsam mit zahlreichen anderen Gemeindegliedern wollten sie am Abend die vielen leeren Plätze füllen, die den jungen Mann sichtlich entmutigt und beunruhigt hatten. Freunde und Bekannte wurden eindringlich gebeten und aufgefordert, in die New Park Street Chapel zu kommen. Folglich war die Kirche am Abend voll.

Auch Susannah Thompson war dort, allerdings mehr um ihren Freunden einen Gefallen zu tun, denn sie selbst hatte sehr strenge Vorstellungen darüber, was auf der Kanzel schicklich ist. Sie fühlte sich keineswegs von jemandem angezogen – und schon gar nicht von einem jungen Mann –, der diese Vorstellungen zu durchbrechen wagte. Die Kirche war voll, in der Menge herrschte Stille und alle Augen, auch die der jungen Dame, richteten sich auf die

Kanzel. Schließlich öffnete sich die Wandtür und der Prediger trat forsch ein. Susannah Thompson war schockiert. Er war das genaue Gegenteil von dem, wie sie sich einen Prediger vorstellte. Der junge Charles Haddon Spurgeon war offensichtlich vom Land; selbst wenn sie es nicht gewusst hätte, hätte sie es sofort erkannt. Jedes seiner Kleidungsstücke verriet die ländliche Herkunft; er trug eine große Halsbinde aus schwarzem Satin und in seiner Hand hielt er ein blaues Taschentuch mit weißen Punkten! Was hatte dieser Jugendliche auf der Kanzel von Dr. Gill und Dr. Rippon zu suchen? Mit dieser voreingenommenen Haltung hörte Susannah Thompson seiner Predigt zu. Jahre später schrieb sie:

> Damals hätte ich nie gedacht, dass meine Augen den ansehen, der das Liebste meines Lebens werden sollte; auch hätte ich mir nie die Ehre erträumt, die Gott mir in naher Zukunft zuteilwerden ließ! Es ist Gnade, dass der Plan unseres Lebens nicht uns überlassen ist, sondern in den Händen unseres Vaters liegt; ansonsten würden wir uns manchmal von unseren größten Segnungen abwenden und die vorzüglichsten und lieblichsten Geschenke seiner Vorsehung von uns weisen. Denn – ehrlich gesagt – war ich keineswegs fasziniert von der Beredtheit des jungen Predigers. Sein ländliches Benehmen und seine Sprache riefen mehr Bedauern als Verehrung in mir hervor. Zum Leidwesen meines törichten und eingebildeten Herzens! Ich war nicht geistlich genug, um seine ernsthafte Darlegung des Evangeliums und sein kraftvolles Reden zu Sündern

> zu verstehen. Aber die große, schwarze Satin-Halsbinde, das lange, schlecht geschnittene Haar und das blaue Taschentuch mit den weißen Punkten, all das, was ihn so äußerlich prägt, hatte meine ganze Aufmerksamkeit auf sich gezogen und ich spürte Belustigung in mir aufkommen. Nur einen einzigen Satz nahm ich von der Predigt mit, und das allein wegen seiner Kuriosität. Denn mir schien es ungewöhnlich, dass ein Prediger über die »lebendigen Steine des himmlischen Tempels, die durch den zinnoberroten Mörtel des Blutes Christi perfekt zusammengefügt sind«, sprach.

Als C. H. Spurgeon kurze Zeit später Pastor der New Park Street Chapel wurde, traf Miss Thompson ihn häufig im Haus der Olneys, obwohl später weder der Prediger noch seine Frau sich daran erinnern konnten, wann sie einander vorgestellt wurden. Die junge Frau schien ihre Vorurteile schnell überwunden zu haben und ging oft in die Gemeinde, um den neuen Pastor zu hören. Es dauerte nicht lange, bis seine ernsten Predigten sie wachrüttelten und sie erkannte, dass ihr gleichgültiges und fruchtloses Leben weit vom göttlichen Ideal entfernt war.

> Allmählich beunruhigte mich mein abtrünniger Zustand und ich suchte unter großen Anstrengungen geistliche Hilfe und Führung bei Mr. William Olney (zweiter Sohn von »Vater« Olney und mein angeheirateter Cousin), der ein aktiver Mitarbeiter in der Sonntagsschule und ein wahrer Mr. Großherz und ein Tröster für junge Gläubige war. Vielleicht hat er dem neuen

> Pastor von mir erzählt, ich weiß es nicht, aber ich war sehr erstaunt über eine illustrierte Ausgabe von Bunyans »Pilgerreise«, die ich eines Tages von Mr. Spurgeon mit folgender Widmung erhielt: »Miss Thompson, mit den besten Wünschen für ihr Wachstum im Glauben, von C. H. Spurgeon, 20. April 1854.« Ich glaube nicht, dass mein Geliebter zu jener Zeit eine andere Absicht hatte, als einer ringenden Seele auf dem Weg zum Himmel zu helfen. Aber ich war beeindruckt von seiner Sorge um mich, und das Buch wurde mir gleichermaßen kostbar wie hilfreich. Unter großem Zittern erzählte ich ihm nach und nach von meinem Zustand vor Gott, und er führte mich durch seine Predigten und Gespräche behutsam in der Kraft des Heiligen Geistes zum Kreuz Christi, nach dessen Frieden und Vergebung meine müde Seele verlangte.

Von dieser Zeit an wuchsen Vertrautheit und Freundschaft bei dem jungen Paar, obschon Susannah keineswegs an Liebe dachte. Sie berichtet jedoch: Seit ihrer Zeit in der Poultry Chapel, wo sie zum Glauben gekommen war, war sie noch nie so glücklich gewesen wie jetzt. Ganz offensichtlich war der Prediger, der London im Sturm eroberte, ein großer geistlicher Segen für diese ruhige, junge Frau, die nun sehr regelmäßig seine Gemeinde besuchte.

Erwachende Liebe

Die Art und die Umstände, unter denen C. H. Spurgeon Susannah seine Liebe erklärte, waren für ihn sehr charakteristisch. Als am 10. Juni 1854 der *Crystal Palace* in Sydenham* eröffnet wurde, war eine große Gruppe aus der New Park Street Chapel anwesend, einschließlich der jungen Frau und des Predigers, der ihr eine so große geistliche Hilfe gewesen war.

> Wir saßen auf einigen erhöhten Plätzen am Ende des Palastes, wo jetzt die große Uhr hängt. Während wir uns unterhaltend, lachend und uns amüsierend auf den vorüberziehenden Festzug warteten, gab mir Mr. Spurgeon ein Buch, in welchem er mich hin und wieder auf bestimmte Zeilen aufmerksam machte: »Was denken Sie über die Anregungen des Dichters in diesen Versen?« Es handelte sich um den Band *Proverbial Philosophy* (Weisheit der Sprüche) von Martin Tupper, der erst kürzlich erschienen war und dem bereits der Wind der Kritik entgegenwehte, welcher später zu einem peitschenden Sturm der Geringschätzung und des beißen-

* Der Chrystal Palace war eine große Ausstellungshalle, die ursprünglich für die Weltausstellung 1851 im Londoner Hyde Park errichtet worden war. Nach der Weltausstellung wurde sie in den Londoner Stadtteil Sydenham verlegt und dort vergrößert neu aufgebaut.

den Sarkasmus anschwoll. In diesem Moment dachte ich nicht an Autoren und deren Leid. Der Finger wies mich auf das Kapitel »Über die Ehe« hin. Die einleitenden Worte lauteten: »Suche nach einer guten Frau von deinem Gott, denn sie ist das beste Geschenk seiner Vorsehung. Aber bitte nicht kühn um etwas, das er nicht verheißen hat: Du kennst seinen guten Willen nicht, ordne dein Gebet ihm unter. Überlasse deine Bitte seiner Gnade, denn du weißt, er meint es gut mit dir. Wenn du eine Frau deiner Jugend haben sollst, lebt sie jetzt schon auf Erden. So denke an sie und bete für ihr Wohl!«

»Beten Sie für Ihren zukünftigen Ehemann?«, flüsterte eine leise Stimme in mein Ohr, so leise, dass niemand sonst sie hören konnte. Ich kann mich nicht erinnern, auf diese Frage eine hörbare Antwort gegeben zu haben, aber mein klopfendes Herz, das meine Wangen verräterisch erröten ließ, und mein gesenkter Blick, der das plötzlich in mir aufkommende Licht preiszugeben fürchtete, mögen die Sprache der Liebe gesprochen haben. Von diesem Moment an saß eine sehr stille Frau neben dem jungen Pastor, und als der brillante Festzug den Palace erfüllte, nahm sie keine Notiz von der glanzvollen Aufführung vor ihren Augen, da in ihrem Herzen ganz neue Gefühle erwachten. Weder das Buch noch seine Theorien wurden nochmals angesprochen, aber als die formelle Eröffnung zu Ende war und die Besucher ihre Plätze verlassen durften, flüsterte dieselbe leise Stimme erneut: »Begleiten Sie mich auf einem Spaziergang durch den Palace?« – Wie wir uns vom Rest der Gruppe absetzen konnten, weiß ich nicht, aber wir gingen eine lange Zeit gemeinsam umher, nicht nur in dem wundervollen Gebäude, sondern auch in den Gärten und sogar bis zum See, an dem riesige Modelle ausgestorbener Ungeheuer ausgestellt waren.

Einige Jahre vor ihrem Tod schrieb Mrs. Spurgeon:

> Während dieses denkwürdigen Spaziergangs, glaube ich, verband Gott unsere Herzen mit unlöslichen Banden wahrer Zuneigung und, auch wenn wir es nicht wussten, gab er uns einander für immer. Ab diesem Zeitpunkt wuchs unsere Freundschaft und reifte schnell zu tiefer Liebe heran, zu einer Liebe, die heute noch in meinem Herzen ist, sogar noch ernster und stärker als in jener ersten Zeit. Obwohl Gott meinen Geliebten mittlerweile zum himmlischen Dienst berufen hat, schenkt er mir den Trost, ihn weiterhin mit meinem ganzen Herzen zu lieben und zu glauben, dass unsere Liebe vollendet wird, wenn wir uns wiedersehen in jenem heiligen Land, wo die Liebe über allem und für immer herrschen wird.

Hätte irgendein anderer Mann als Charles Haddon Spurgeon seine Liebe inmitten einer Menschenmenge zugeflüstert und sie der Frau seiner Wahl erklärt, indem er sie bat, für ihren zukünftigen Ehemann zu beten?

Die Zeit des Werbens

Keine zwei Monate nach der Begebenheit im Crystal Palace hielt C. H. Spurgeon offiziell um die Hand von Susannah Thompson an. Sie saßen im altmodischen Garten ihres Großvaters mit seinen hohen Steinmauern, Kieswegen und einer kleinen Rasenfläche. »Ein eher farbloser, unromantischer Ort für eine Liebeserklärung«, beschrieb es Mrs. Spurgeon.

> Aber in einem solchen Moment sind Menschen bei der Auswahl der richtigen Umgebung nicht besonders sorgfältig und geben sich wenig Mühe, einen geschmackvollen Hintergrund für das Bild zu finden, das für immer in ihre Herzen gegraben wird. Bis heute halte ich diesen alten Garten in meiner Erinnerung für einen heiligen Ort, ein glückliches Paradies, da mein Geliebter mich dort für sich zu gewinnen suchte und mir offenbarte, wie sehr er mich liebte. Obwohl ich glaubte, es bereits zu wissen, war es etwas anderes, es von ihm zu hören, und ich zitterte und war ganz still vor Freude und Glück.

Die genauen Worte sind uns nicht überliefert, aber laut Mrs. Spurgeon waren sie »wundervoll«. Vierzig Jahre später schrieb sie: »Gab es auf der Erde jemals zuvor solch großes Glück?« Sie waren ein Herz und eine Seele, hatten dieselben Neigungen, und bereits zu diesem Zeitpunkt hatte der große Prediger seiner Verlobten viel von seiner eigenen Geistlichkeit und Ernsthaftigkeit vermittelt. In ihrer gegenseitigen Liebe fand sich mehr als bloße irdische Zuneigung, und beide spürten, dass Gott sie für einen gemeinsamen Weg bestimmt hatte.

> Für mich war es eine ebenso ernste wie freudige Zeit. Mit großer Ehrfurcht im Herzen verabschiedete ich mich von meinem Geliebten, eilte nach Hause und lobte Gott auf Knien und dankte ihm mit Freudentränen, dass er mir in seiner großen Gnade die Liebe eines so guten Mannes schenkte. Hätte ich damals schon gewusst, wie gut er war und wie groß er werden würde, wäre ich nicht so sehr von der Freude überwältigt gewesen, seine Frau zu sein, als vielmehr von der Verantwortung, die eine solche Stellung mit sich bringt.

In ihrem Tagebuch machte die junge Dame an diesem denkwürdigen Tag, dem 2. August 1854, folgenden Eintrag: »Es ist mir unmöglich, alles aufzuschreiben, was sich heute Morgen ereignet hat. Ich kann nur still die Gnade meines Gottes bewundern und ihn für all seine Segnungen preisen.« Susannah kam nun sehr regelmäßig zur New Park Street Chapel und schon bald wollte sie Mitglied werden und sich taufen lassen. Der Prediger bat sie um ein schriftliches Bekenntnis ihres Glaubens – das wahrscheinlich nur zur eigenen Lektüre gedacht war –, aber es war so überzeugend, dass er in einem Schreiben an sie kaum auszudrücken vermochte, wie sehr er sich über das Werk der Gnade in ihrer Seele freute.

O, ich könnte weinen vor Freude (was ich jetzt auch nicht zurückzuhalten vermag), weil meine Geliebte ein so großes Werk der Gnade in ihrem Herzen bezeugen kann. Ich wusste, du bist wahrhaft ein Kind Gottes, aber dass du so geführt wurdest, war mir nicht bekannt. Ich sehe, mein Meister hat tief gepflügt, und die tiefe Saat hat nun mit den Erdklumpen zu kämpfen, und dies bereitet dir Kummer. Wenn ich die geistlichen Symptome wohl verstehe, glaube ich, die richtige Therapie für dich zu kennen. Du lebst nicht in einem Umfeld des ernstlichen Dienens Christi. Du hast in vielerlei Hinsicht alles getan, was dir möglich war, aber dir fehlt der Kontakt zu den Gläubigen und auch zu den Sündern, Kranken und Elenden, denen du dienen könntest. Aktiver Dienst erwärmt die Liebe und beseitigt Zweifel, denn so wird unsere Arbeit zum Beweis unserer Berufung und Erwählung. Ich schmeichle niemandem, aber erlaube mir, dir ehrlich zu sagen, dass nur wenige mir bekannte Bekehrungen so überzeugend sind wie deine. Das schreibe ich dir nicht als Verehrer, sondern unvoreingenommen als dein Pastor. Hätte der Herr dein Unheil beabsichtigt, hätte er dir sicher nicht all diese Dinge gezeigt und dich dazu befähigt, seiner Verheißung so rückhaltlos zu vertrauen. Da ich vor Gott hoffe, frei vom Blut aller Menschen zu sein, wäre es schlecht, wenn ich dir schmeicheln würde; und da ich dich mit tiefster und reinster Zuneigung liebe, liegt es mir fern, mit deinem ewigen Schicksal zu spielen. Noch einmal möchte ich betonen: Ich bin Gott überaus dankbar, sowohl in deinem als auch in meinem Interesse, dass du die Lektionen des Herzens so gründlich gelernt hast und dir deiner Verderbtheit stets bewusst bist. Es werden weitere Lektionen kommen, um dich fest zu gründen, aber, o meine Liebe, wie wichtig ist es, die erste Lektion gut zu lernen! Ich liebte dich sofort, fürchtete aber, du seiest noch keine Erbin des Himmels. In seiner Gnade zeigte mir Gott, dass du auserwählt bist. Ich dachte dann, ich könnte dir ohne Sünde meine Zuneigung offenbaren; doch bis ich deine Zeilen las, konnte ich mir nicht vorstellen, dass du so tiefe Einblicke und Seelenerkenntnis besitzt. Gott ist gütig, sehr gütig, unendlich gütig. O, wie ich dieses Geschenk schätze, weil ich mehr denn je weiß, dass der Geber das Geschenk liebt. Und so will auch ich es lieben, aber nur in Unterwürfigkeit ihm gegenüber. Teuer Erkaufte durch Christi Blut, du bist das Geschenk meines Erlösers und mein Herz fließt über mit dem Gedanken an diese unendliche Güte. Ich wundere mich nicht über seine Güte, da sie seinem Wesen entspricht, aber ich kann nicht anders, als meine Stimme mit Freude über seine mannigfaltige Barmherzigkeit erheben. Was immer uns widerfährt, Schwierigkeiten oder Not, Krankheit oder Tod, wir brauchen keine endgültige Trennung fürchten, weder voneinander noch von unserem Gott. Ich bin froh, dass du in diesem Moment nicht hier bist, denn meine Gefühle sind so tief, ich könnte dich nur umarmen und weinen. Mögen die erlesensten Gnaden dein Eigentum sein, möge der Engel des Bundes dein Begleiter sein, möge dein Flehen erhört werden und möge deine Unterredung mit Jesus im Himmel sein! Sei meinem Gott anbefohlen. In reiner und heiliger Zuneigung wie auch in irdischer Liebe, dein C. H. Spurgeon.

Das ist sicherlich ein bemerkenswerter Liebesbrief, der Bände spricht über den Charakter des Verfassers als auch der Empfängerin. C. H. Spurgeon sagte, weitere Lektionen würden kommen, um sie fest zu gründen, und dies galt nicht nur für ihr geistliches Wachstum, sondern auch für die Vorbereitung auf das Leben als Pastorenfrau. Mrs. Spurgeon erzählte uns, dass einige dieser Lektionen nicht angenehm waren, aber sie lernte sie und wurde dadurch stärker und ernsthafter. Hin und wieder war er mit seiner großen Aufgabe des Predigens so beschäftigt, dass er seine Verlobte nicht erkannte, wenn sie die Sakristei betrat, und sie nur mit einem Handschlag begrüßte, als wäre sie eine flüchtige Bekannte oder Besucherin.

Es gab noch eine weitaus schlimmere Erfahrung. An einem bestimmten Nachmittag sollte C. H. Spurgeon in einem großen Saal in Kennington* predigen und Miss Thompson begleitete ihn in einer Droschke. Auf dem Bürgersteig vor dem Gebäude drängten sich die Menschen ebenso wie in der Eingangshalle und auf der Treppe zum Saal. Die junge Frau hatte ziemliche Mühe, sich durch die Menschenmenge zu kämpfen und in der Nähe ihres Geliebten zu bleiben. Plötzlich trat er durch eine Seitentüre im Flur und überließ es ihr, sich durch die Masse in den Saal zu kämpfen. Die Last für die Verlorenen lag schwer

* Kennington ist ein Stadtbezirk Londons südlich vom Zentrum.

auf dem Prediger und die Tragweite seiner Botschaft ließ ihn seine arme Verlobte völlig vergessen.

Miss Thompsons Gefühle über diese, wie sie meinte, unverzeihliche Kränkung sind leicht vorstellbar. »Zuerst«, sagt sie, »war ich völlig verblüfft. Und dann, zu meinem Leidwesen muss ich sagen, war ich verärgert.« Sie machte sich sofort auf den Heimweg, ohne sich ein weiteres Mal um einen Platz zu bemühen – ihre Entrüstung und ihr Schmerz nahmen zu. Aber die junge Frau hatte das Beste aller Geschenke, eine weise und liebende Mutter, die mit viel Taktgefühl versuchte, ihre aufgebrachte Tochter zu beruhigen. »Sie machte mir klar«, sagt Mrs. Spurgeon, –

> dass mein zukünftiger Ehepartner kein gewöhnlicher Mann war, sondern sein ganzes Leben Gott und seinem Dienst gewidmet hatte. Niemals dürfte ich ihn daran hindern, indem ich versuchte, die erste Stelle in seinem Herzen einzunehmen. Nach vielen guten und liebevollen Ratschlägen wurde mein Herz schon bald weich und ich erkannte, dass ich töricht und eigenwillig reagiert hatte. Dann hielt eine Droschke vor der Tür und Charles rannte aufgeregt ins Haus. »Wo ist Susie? Ich habe sie überall gesucht und kann sie nicht finden. Ist sie allein nach Hause gekommen?« Meine liebe Mutter ging zu ihm, nahm ihn zur Seite und erzählte im alles. Ich glaube, als er die Sachlage erkannte, musste sie auch ihn beruhigen. Da er keinerlei Schuld an meiner Kränkung hatte, musste er es als Ungerechtigkeit empfinden, dass ich an ihm zweifelte. Schließlich holte mich meine Mutter und ich ging hinunter zu ihm. Ruhig ließ er

> mich schildern, wie empört ich war. Dann wiederholte er Mutters kleine Lektion und versicherte mir seine tiefe Zuneigung, wies mich aber auch darauf hin, dass er vor allem Gottes Diener war und ich lernen musste, meine Ansprüche denen Gottes unterzuordnen. Ich habe die Lehre dieses Tages nie vergessen. Ich hatte sie von Herzen gelernt, denn ich erinnere mich nicht, je wieder mein Recht auf seine Zeit und Aufmerksamkeit eingefordert zu haben, wenn er sie für den Dienst Gottes benötigte.

Der Vorfall endete mit einer gemütlichen Tasse Tee im Haus ihrer Mutter, und Mrs. Spurgeon sprach von einer süßen Ruhe, die nach dem stürmischen Nachmittag in allen Herzen regierte.

Einige Wochen später fragte der Prediger seine Verlobte, ob sie ihn zu einem Termin in Windsor* begleiten wolle und fügte hinzu:

> Vielleicht bemerke ich es wieder nicht, wenn du gehst, aber es ist für uns beide wichtig – Charles hätte Gelegenheit zur Wiedergutmachung und Susie könnte zeigen, dass sie seinen Charakter nun besser kennt, indem sie seine Verfehlungen geduldig erträgt.

Im April 1855 verbrachten Miss Thompson und ihr Verlobter eine Woche in Colchester,† wo sie seinen Eltern und

* Die Kleinstadt Windsor liegt südwestlich, † Colchester nordwestlich von London; dort war Spurgeon zum Glauben gekommen.

seiner Familie vorgestellt wurde. Es war eine glückliche Zeit, da sie die Tage gemeinsam verbrachten und Reverend John Spurgeon und seine Frau ihre zukünftige Schwiegertochter »herzlich aufnahmen und verwöhnten«. In London hatte der junge Pastor wenig Zeit, sie zu umwerben, und bei seinen Besuchen im Haus ihrer Eltern in Brixton nahm er normalerweise Korrekturabzüge einer Predigt mit, die er für den Druck überarbeitete. »Ich lernte still zu sein und mich mit meinen eigenen Dingen zu beschäftigen, während er diese wichtige Arbeit erledigte. Es war eine gute Übung für die angehende Frau eines Pastors.« Bereits in diesen frühen Tagen wurde C. H. Spurgeon in der Presse beschimpft, und er fand etwas Trost darin, Briefe an seine Verlobte zu schreiben, die ihm beistand und ihn unterstützte. Im Mai 1855 schrieb er ihr:

> Ich bin in einem tiefen Tal, zum einen wegen der beiden Angriffe im *Sheffield Independent* und im *The Empire*, und zum anderen, weil ich kein Predigtthema finde. Aber der Glaube versagt nicht. Ich kenne die Verheißung und glaube ihr, ich fürchte mich nicht, in ihm zu ruhen. Alle Wunden, die mir zugefügt werden, sind Wunden der Ehre. O du zaghaftes Herz, auf in den Kampf! Meine Liebe, welch ein Trost wäre es, wärest du hier; aber da du es nicht bist, werde ich etwas noch Besseres tun und alleine hinaufgehen und dem Erlöser meinen Kummer ausschütten.

Ungefähr zu dieser Zeit zogen Susannah Thompsons Eltern von Brixton nach Falcon Square in die Londoner City und die Liebenden sahen sich öfter als bisher. Die junge Frau begann, ihrem künftigen Ehemann bei seiner Schreibarbeit zu helfen. Die Anerkennung und das Vertrauen, das er ihr damit entgegenbrachte, machten sie sehr stolz, wenngleich die Verantwortung sie anfangs zu überwältigen schien. Seine Popularität und sein Erfolg als Prediger erfreuten die schüchterne junge Frau und flößten ihr Ehrfurcht ein. Doch die Freude vermischte sich ein wenig mit Kummer und Sorge, denn seine Predigten vor den großen Versammlungen in der Exeter Hall waren eine enorme körperliche Belastung für den Prediger. Seine Verlobte, die im Mittelschiff der Halle saß, verspürte oft den Drang, ihm zu Hilfe zu eilen.

> Ein Glas Chiliessig stand immer unter seinem Pult, und ich wusste, was zu erwarten war, wenn er zu diesem Mittel griff. O, wie mein Herz sich nach ihm sehnte. Wie sehr musste ich mich beherrschen, um ruhig und gesammelt zu wirken und auf meinen Stuhl in der kleinen Galerie sitzen zu bleiben! Ich konnte es kaum erwarten, nach der Predigt endlich zu ihm zu gehen und ihn zu trösten und aufzumuntern! Doch wie alle anderen musste auch ich den Hinterausgang nehmen, ich, die zu ihm gehörte und deren Herz seinem näher war als das irgendeines anderen im Saal! Es war eine schwere Prüfung für ein junges und liebendes Herz.

Als er sich im Juli 1855 auf den Weg nach Schottland machte, seine erste lange Reise mit der Eisenbahn, schrieb er viele Briefe an seine Verlobte. Er berichtete von seinen

Diensten und den Menschenmengen, die ihn hören wollten. Er bat Susannah, um Unterstützung und Hilfe für ihn zu beten, und dass seine Predigten zum Segen für die Menschen sein würden. Einmal schrieb er:

> Ich bin dir zutiefst dankbar, wenn du wirklich ernsthaft für mich betest. Ich befürchte, ich bin nicht so voller Liebe zu Gott, wie ich es früher war. Ich beklage den traurigen Rückgang meines geistlichen Lebens. Weder du noch jemand anders hat es bemerkt, aber ich bin mir dessen bewusst; und dieses Gefühl hat Bitterkeit unter meine Freude gemischt. O, was bedeutet es schon, bekannt und erfolgreich zu sein, Reichtum zu besitzen und selbst eine solch süße Liebe wie deine zu genießen! Sollte ich deshalb Gott verlassen und mich von seinen Wegen abwenden? Die schwindelerregende Höhe, in der ich mich befinde, lässt mich erzittern, und ich wünschte, unbekannt zu sein, da ich all der Ehre und des Ruhmes unwürdig bin. Ich glaube, ich sollte von neuem beginnen und nicht länger eine Mischung aus Leinen- und Wollkleidung tragen.* Ich flehe dich an, deine herzlichen Gebete mit den meinen zu verbinden, damit wir uns einig sind. So wirst du die Nützlichkeit, Heiligkeit und Freude dessen fördern, den du liebst.

Während seiner Abwesenheit vergrößerte sich, sofern dies

* Eine Anspielung auf die geistliche Bedeutung von 5. Mose 22,11: »Du sollst nicht Gewebe von verschiedenartigem Stoff anziehen, Wolle und Leinen zusammen.«

überhaupt noch möglich war, seine Zuneigung zu der jungen Frau seiner Wahl. Er schrieb ihr:

> Auf meiner Reise hatte ich Tagträume von dir. Ich dachte, du wärst mir sehr nahe. So Gott will, dauert es nicht mehr lange, meine Geliebte, bis ich mich wieder deiner süßen Gesellschaft erfreuen darf. Ich wusste schon vorher, dass ich dich sehr liebe, aber jetzt merke ich, wie unentbehrlich du mir bist. Und du hast durch meine Abwesenheit nicht viel verloren, denn nach meiner Rückkehr wirst du feststellen, dass ich für deine Gefühle aufmerksamer und gleichermaßen liebevoller bin. Ich kann deine Tränen jetzt verstehen, weil auch ich diese quälende Trennung fühle, die ich durch meine ständigen Termine in London nicht wahrnehme. Da du nicht so viele Verpflichtungen hast wie ich, musstest du meine Abwesenheit noch deutlicher spüren, auch wenn du genau wusstest, dass ich es nicht vermeiden konnte! Mein Liebling, akzeptiere die tiefe und reine Liebe dessen, der nicht zu Übertreibungen neigt, der vielmehr weiß, dass hier kein Raum dafür ist.

Es muss eine ungewöhnliche Frau gewesen sein, die Charles Haddon Spurgeon zu solchen Briefen veranlasste.

Eheleben

Susannah Thompson und Charles Haddon Spurgeon wurden am 8. Januar 1856 in der New Park Street Chapel von Dr. Alexander Fletcher aus der Finsbury Chapel getraut. Bei einem Mann, dessen Name in aller Munde war und dessen bemerkenswerte Arbeit im ganzen Land diskutiert wurde, war an eine ruhige Hochzeit im kleinen Kreis nicht zu denken. Sehr früh am Morgen versammelten sich bereits Menschen vor der Kirche. Zu den ersten gehorten einige Damen und kurz nach acht Uhr hatte die wartende Menge ein solches Ausmaß angenommen, dass die New Park Street und angrenzende Straßen von Menschen blockiert wurden und der Verkehr praktisch zum Erliegen kam. Eine zusätzliche Polizeieinheit musste gerufen werden, um Unfälle zu verhindern. Als sich schließlich die Kirchentüren öffneten, begann der Andrang auf die Sitzplätze und in weniger als einer halben Stunde war die Kirche bis auf den letzten Platz gefüllt. Etliche geladene Gäste, die zu spät kamen, fanden keinen Einlass mehr. Viele gingen wieder nach Hause, als sie merkten, dass sie keine Chance hatten, in die Kirche zu kommen. Aber Tausende verharrten in den Straßen, um das Brautpaar zu sehen, wie es die Kirche betrat und wieder verließ.

Für die bescheidene und zurückhaltende junge Frau muss es eine Tortur gewesen sein. Sie war früh aufgestanden und hatte lange Zeit im Gebet verbracht. Trotz der

Sorge um die vor ihr liegende Verantwortung war sie »unbeschreiblich glücklich« darüber, dass der Herr sie so reich beschenkt hatte. Allein und auf ihren Knien bat sie ernstlich um Kraft, Segen und Führung für das neue Leben, das vor ihr lag. Da sie recht schlicht gekleidet war, nahm das Ankleiden vor der Trauung nicht so viel Zeit in Anspruch wie bei anderen Frauen oft der Fall. Als sie mit ihrem Vater zur Kirche fuhr, war ihr Hauptgedanke: »Die Passanten werfen so erstaunte Blicke auf die Hochzeitskutsche – ob sie wohl wissen, was für ein wundervoller Bräutigam auf mich wartet?« Die Mengen in den Seitenstraßen der New Park Street verwirrten die Braut. Später konnte sie sich, bis zu dem Zeitpunkt, als sie schließlich am Ort der Trauung waren, an kaum etwas anderes erinnern, als nur diese große Menge:

> Eine große Hochzeitsgesellschaft; der gute alte Dr. Alexander Fletcher strahlte gütig das vor ihm stehende Brautpaar an; und die Diakone bemühten sich, die aufgeregten und erwartungsvollen Zuschauer zu beruhigen und zu beschwichtigen.

Der Gottesdienst begann mit dem Choral »Salvation, o, the joyful sound« (»Erlösung, o, welch freud'ger Klang«). Anschließend las Dr. Fletcher Psalm 100 und erbat den Segen Gottes für das junge Paar. Der ehrwürdige Pastor hielt dann eine kurze Ansprache und die Hochzeitszeremonie nahm ihren üblichen Gang. Eine weitere Lesung, ein von der Gemeinde gesungenes Lied und ein abschließendes Gebet vollendeten den offiziellen Teil. Nachdem

Mr. und Mrs. Spurgeon die Gratulationen ihrer Freunde entgegengenommen hatten, fuhren sie unter dem lauten, anhaltenden Jubel der draußen wartenden Menge davon.

Ihre kurzen, zehntägigen Flitterwochen verbrachten sie in Paris. Da Mrs. Spurgeon bereits des Öfteren dort gewesen war und gut Französisch sprach, spielte sie den Fremdenführer für ihren Ehemann. Zusammen besuchten sie zahlreiche Kirchen, Paläste und Museen. Sie fand neues Interesse an all diesen Sehenswürdigkeiten, weil sie sie jetzt gemeinsam mit den »liebenden Augen« ihres Ehemannes betrachtete. Während einer seiner häufigen Besuche in der französischen Hauptstadt schrieb C. H. Spurgeon seiner Frau Jahre später:

> Mein Herz fliegt dir zu, wenn ich mich an meinen ersten Besuch in dieser Stadt unter deiner Führung erinnere. Ich liebe dich wie damals, nur um ein Vielfaches mehr.

Das glückliche Paar hätte den Urlaub gern verlängert, aber der Prediger konnte seine Arbeit nicht weiter aufschieben und so kehrten sie zu ihrem ersten gemeinsamen Zuhause zurück – ein bescheidenes Haus in der New Kent Road in London. Wie in all ihren späteren Häusern, war auch dort der schönste Raum die Bibliothek.

> Wir haben uns niemals mit dem belastet, was ein moderner Autor als »die Schattenseite eines Wohnzimmers«*

* Im Englischen ein Wortspiel: »the draw-back of a drawing-room«; draw-back kann *Nachteil* oder auch *Rückzugsort* bedeuten.

> bezeichnete. Vielleicht weil wir so einfache und beschäftigte Leute waren, die kein Bedürfnis nach einem solch unnützen Zimmer hatten. Aber mehr noch, denke ich, weil das schönste Zimmer rechtmäßig der Person gehören sollte, die »viel im Herrn gearbeitet hat« [nach Röm 16,12]. Diese frühe Entscheidung habe ich nie bereut; es ist eine weise Regelung für das Haus eines Pastors, wenn nicht sogar für jedes andere.

Anfangs waren sie sehr darauf bedacht, mit ihren wirtschaftlichen Mitteln zu haushalten. Denn Charles Spurgeon wollte jungen Predigern eine Ausbildung für den Dienst des Herrn anbieten und seine Frau unterstützte diese Arbeit mit demselben Eifer. Sie konnte hervorragend wirtschaften und durch strikte Sparsamkeit sammelte sich ein erheblicher Betrag zur Unterstützung und Ausbildung des ersten Studenten an. Ihre erfolgreichen Bemühungen führten zur Gründung von Spurgeons *Pastors' College*. Susannah berichtet:

> Gerne denke ich daran zurück, wie sehr sich mein Geliebter über die Gründung der Einrichtung freute, die wir gemeinsam geplant und erspart hatten, um seinen Herzenswunsch zu verwirklichen. Es verlieh mir ein geradezu mütterliches Interesse an dem College und an »unseren Männern«. In finanzieller Hinsicht hatten wir zu jener Zeit stets das Problem, über die Runden zu kommen. Wir hatten nie genug übrig, um große Sprünge zu machen. Jetzt kann ich sagen, dass Gott uns auf diese Weise vorbereitete, in den Folgejahren

mit armen Gemeindehirten mitzufühlen und ihnen zu helfen.

Es gab Zeiten, in denen das hingegebene Paar auf geradezu notwendige Dinge verzichtete, um das Werk mit ihrem Geld unterstützen zu können. Für die junge Ehefrau muss es eine sorgenvolle Zeit gewesen sein, als »die Mittel arg beschränkt und die Kassen sowohl des College als auch des privaten Haushalts nahezu leer waren.« Aber die Freuden haben sie für all diese Sorgen mehr als entschädigt.

Nachdem sie die Pflichten des Tages erledigt hatten, verbrachten sie so manch glücklichen Sonntagabend in ihrem kleinen Haus. Wenn der Prediger erschöpft von der Gemeinde nach Hause kam, genoss er eine leichte Mahlzeit und ließ sich dann in einen Sessel neben dem Kamin fallen, während seine Frau auf einem flachen Kissen zu seinen Füßen saß und ihm etwas von George Herbert oder anderen christlichen Dichtern vorlas. Und wenn der junge Pastor merkte, dass seine Predigten nicht ernst genug waren, griff man zu dem Buch *The Reformed Pastor** von Richard Baxter. Nach diesen ernsten Worten schluchzten und weinten sie zusammen – er, »weil sein empfindliches Gewissen getroffen wurde«, und sie, weil sie »ihn liebte und seinen Kummer teilen wollte.«

Die häufige Abwesenheit von Charles Haddon Spurgeon zur Erfüllung seiner weitreichenden Verpflich-

* Deutsche Ausgabe: »Das Predigeramt aus Sicht eines Puritaners« (3L Verlag Waldems, 2012).

tungen war eine schwierige Prüfung für die junge Frau. Während sie spät am Abend auf ihn wartete, ging sie oft im Flur auf und ab und betete für seine sichere Heimkehr. Wenn sie dann draußen seine Schritte hörte, öffnete sie ihm voller Freude und Dankbarkeit die Tür und begrüßte ihn. Nur einmal brach sie zusammen, als sich ihr Geliebter am frühen Morgen auf eine weite Reise begab. Sie konnte ihre Tränen nicht zurückhalten. »Glaubst du«, fragte er sie, »dass die Kinder Israels weinten, wenn sie ein Opferlamm zum Altar des Herrn brachten und es dort liegen sahen?« Als sie diese Frage verneinte, fügte er zärtlich hinzu: »Wenn du mich gehen lässt, um armen Sündern das Evangelium zu predigen, bringst du mich als Opfer für Gott. Meinst du, er sieht es gerne, wenn du über dein Opfer weinst?« Mrs. Spurgeon schreibt:

> Hätte ein Tadel liebevoller sein können? Es tröstete mein Herz zutiefst, und von da an weinte ich kaum mehr. Kam es dennoch vor, dass ein oder zwei Tränen herunter rannen, sagte er: »Was? Du weinst über dein Lamm?« Diese Erinnerung trocknete meine Tränen schnell und ein Lächeln trat an ihre Stelle.

Zu dieser Zeit ereignete sich etwas sehr Bemerkenswertes. An einem Samstagabend fehlte C. H. Spurgeon der Zugang zu einem Text, über den er am nächsten Morgen predigen wollte. Kommentare wurden vergeblich zu Rate gezogen, und auch seine Frau konnte ihm nicht helfen. Den Rest der Geschichte erzählt uns Mrs. Spurgeon selbst:

Er blieb bis spät in die Nacht auf und war völlig erschöpft und entmutigt, weil all seine Bemühungen, den Kern des Textes zu erfassen, vergeblich waren. Ich gab ihm den Rat, sich jetzt zur Ruhe zu begeben, um am Morgen frisch zu sein und den Text wahrscheinlich besser studieren zu können. »Wenn ich jetzt schlafen gehe, weckst du mich dann früh genug, damit ich noch genügend Zeit zur Vorbereitung habe?« Mit meiner liebevollen Zusicherung, ihn früh zu wecken, war er zufrieden. Wie ein vertrauensvolles und müdes Kind legte er seinen Kopf auf das Kissen und schlief auf der Stelle tief und fest ein.

Nach einiger Zeit geschah etwas Wundervolles. Während der Morgendämmerung hörte ich ihn im Schlaf reden und erhob mich, um ihm aufmerksam zuzuhören. Schnell erkannte ich, dass er über die Verse sprach, die ihm so unverständlich waren. Er lieferte eine klare und deutliche Auslegung mit großer Vollmacht und Frische. Mit freudiger Erregung bemühte ich mich, alles, was er sagte, zu verstehen und ihm zu folgen. Ich wusste, es würde ihm keine Schwierigkeiten bereiten, die Hauptpunkte auszuarbeiten und weiter zu erläutern, wenn ich mich nur an sie erinnern könnte. Nie hatte ein Prediger einen eifrigeren und besorgteren Zuhörer! Was wäre, wenn ich die kostbaren Worte vergäße? Ich hatte nichts zur Hand, um mir Notizen zu machen, deshalb »betete ich zu dem Gott des Himmels« wie Nehemia [Neh 1,4], und bat ihn, dass ich mich an die Gedanken erinnere, die er seinem Diener im Schlaf geschenkt hatte und die mir auf so einzigartige Weise anvertraut wurden. Während ich dalag und immer wieder die wichtigsten Punkte wiederholte, war ich sehr gespannt auf seine Überraschung und Freude. Aber ich war so lange wach und freute mich so sehr, dass ich zu der Zeit, zu der wir normalerweise aufstanden, eingeschlafen sein musste.

Schließlich schreckte er aus dem Schlaf hoch und sagte mit einem Blick auf die Uhr: »Du wolltest mich doch früh wecken. Nun schau auf die Uhr! Warum hast du mich schlafen lassen? Was soll ich nur tun? Was soll ich nur tun?« Ich antwortete ihm: »Geliebter, hör mir zu«, und ich erzählte ihm alles, was ich gehört hatte. »Das ist ja genau das, was ich wollte«, rief er, »das ist die richtige Auslegung des ganzen Verses! Und du sagst, ich habe das im Schlaf gepredigt?« Immer wieder sagte er: »Das ist wunderbar«, und wir lobten Gott für diesen erstaunlichen Ausdruck seiner Macht und Liebe.«

Ein dunkler Schatten

Am 20. September 1856 gebar Mrs. Spurgeon Zwillinge in ihrem Haus in der New Kent Road, und die Freude des Ehepaares kannte keine Grenzen. Glücklicherweise fiel die Geburt auf einen Samstag, sodass C. H. Spurgeon den ganzen Tag bei seiner Frau bleiben konnte. Stolz blickte er auf die Babys, tröstete liebevoll seine Frau und sprach von der neuen Verantwortung, die sie nun zu erfüllen hatten.

Sie nannten die Jungen Charles und Thomas, und von Anfang an hatte das Ehepaar stillschweigend dieselbe Auffassung und den Wunsch, die Kinder zum Dienst für Gott zu erziehen. Keine Wolke konnte das Glück trüben und die Freude schien geradezu greifbar zu sein. Über der kleinen Familie lag ein heiliger Frieden, für den das Ehepaar wiederholt und inständig dem Herrn dankte.

Doch auf dem Höhepunkt ihres Glücks legten sich plötzlich und ohne Vorwarnung dunkle, sorgenvolle Schatten auf ihr junges Leben. Der Glaube der Frau und Mutter muss dem der alten Propheten geglichen haben, ansonsten wäre sie wohl verzweifelt. Seit der Geburt der Jungen war genau ein Monat vergangen. Sie war noch immer sehr schwach, konnte aber bereits ihr Zimmer verlassen. An einem Sonntagabend lag sie in dem kleinen Wohnzimmer auf der Couch. Dieser Abend sollte den beiden in schrecklicher Erinnerung bleiben. Noch war das Furchtbare nicht zu ahnen, jedenfalls nicht für Mrs. Spurgeon. Sie ging davon aus, dass ihr Ehemann gerade wieder einen jener Triumphe im Predigtdienst für seinen Herrn erleben würde, die seit seiner Ankunft in London regelmäßig aufeinander folgten.

Der junge Pastor predigte an jenem Abend zum ersten Mal in der *Surrey Gardens Music Hall,** die im Laufe des Abends durch die Machenschaften von gewalttätigen Menschen zum Schauplatz von Tod und Verwüstung werden sollte. Das Paar hatte zu Hause gemeinsam gebetet und mit dem Segen seiner Frau machte sich der junge Pastor auf den Weg zur Music Hall. Sie blieb zu Hause, dachte an die große Aufgabe und betete, dass der Herr seine Botschaft an der versammelten Menge segnen möge. Dann kehrten ihre Gedanken zu den Kindern zurück:

> Ich träumte gerade von verschiedenen herrlichen Möglichkeiten und Freuden, als ich eine Kutsche vor dem Tor halten hörte. Für die Heimkehr meines Mannes war es viel zu früh, und ich fragte mich verwundert, wer der unerwartete Besucher wohl sein könnte. Ein Diakon trat ein und an seinem Verhalten erkannte ich sofort, dass etwas Ungewöhnliches geschehen war. Ich drängte ihn, mir schnell alles zu erzählen, was er auch augenblicklich und mit viel Mitgefühl tat. Er kniete sich in der Nähe der Couch nieder und betete für Gna-

* Diese größte Festhalle Londons im Stadtteil Kennington bot etwa 10.000 Sitzplätze. Dass der 22-jährige Spurgeon dort erstmals predigte, entfachte solch großes Interesse in London, dass sich bereits vor dem Einlass die Menschmassen drängten und das Gebäude nach Öffnung der Türen rasch hoffnunglos überfüllt war.

de und Kraft für uns, um dieses schreckliche Unglück, welches so plötzlich über uns gekommen war, zu ertragen. Wie dankbar war ich, als er wieder ging! Ich wollte alleine sein, um in dieser Stunde der Finsternis und des Todes zu Gott zu rufen! Als mein Geliebter nach Hause gebracht wurde, war er nur noch ein Schatten seiner selbst. Eine qualvolle Stunde hatte seine ganze Erscheinung und sein Auftreten verändert.

Die folgende Nacht war voll Tränen, Klagen und unbeschreiblichem Kummer. Er verweigerte jeglichen Trost. Ich dachte, es würde nie Morgen werden, und als er schließlich anbrach, brachte er keine Erleichterung. Gnädigerweise strich der Herr aus meiner Erinnerung die meisten Einzelheiten der nachfolgenden notvollen Zeit, in der die Qual meines Geliebten so stark wurde, dass wir manchmal befürchteten, er könne nie wieder predigen. Damals gingen wir wirklich durch das »Tal des Todesschattens« [Ps 23,4]. Als schwache Christen seufzten wir bitterlich, denn der Weg war so dunkel, dass wir oft nicht wussten, wohin wir unseren Fuß als nächstes setzen sollten.

Die Geschichte der Katastrophe in der Surrey Music Hall ist nur allzu bekannt und bedarf an dieser Stelle keiner weiteren Beschreibung.* Welche Frau könnte solche fürchter-

* Beim Eröffnungsgebet von Charles Spurgeon hatte jemand auf der Gallerie gerufen, »Feuer!«, daraufhin rief eine andere Stimme, »die Gallerien stürzen ein!«, und schließlich noch jemand, »die ganze Halle bricht zusammen!« Panik breitete sich aus, die Massen versuchten fluchtartig das Gebäude zu verlassen. Durch den Andrang gab ein

lichen Schwierigkeiten kurz nach einer Zwillings-Schwangerschaft ertragen? Welche Frau könnte in einer solchen Situation nicht nur ihren mütterlichen Pflichten nachkommen, sondern zudem Trost und Stütze für ihren Ehemann in seiner Seelenqual sein?

C. H. Spurgeon wurde von Freunden nach Croydon* gebracht, wo er im Haus des Diakons Winsor bleiben konnte. Seine Frau begleitete ihn mit den Babys. Ruhe und Umgebungswechsel sollten die Wiederherstellung seines seelischen Gleichgewichts fördern. Obwohl es zunächst schien, als bliebe sein Geist in der Dunkelheit gefangen, brach schließlich Licht durch. Susannah berichtet:

> Wie gewohnt gingen wir gemeinsam im Garten spazieren, er ruhelos und gequält, ich voll Kummer und fragend, wie das Ende all dessen aussehen würde. Vor dem Eingang des Hauses blieb er plötzlich stehen und drehte sich zu mir um. Mit dem alten, wunderbaren Strahlen in seinen Augen (wie sehr hatte ich es vermisst!) sagte er zu mir: »Liebste, wie töricht war ich doch! Es ist nicht wichtig, was aus mir wird, wenn nur der Herr verherrlicht wird!« Und mit Eifer und Nachdruck wiederholte er Philipper 2,9-11: »Darum hat Gott ihn auch hoch erhoben und ihm den Namen verliehen, der über jeden Namen ist, damit in dem Namen Jesu

Geländer nach und etliche stürzten auf die Menge im Parkett. Andere wurden niedergetrampelt. Sieben Todesopfer und zahlreiche Verletzte waren zu beklagen.

* Croydon ist ein südlicher Stadtteil von London.

> jedes Knie sich beuge, der Himmlischen und Irdischen und Unterirdischen, und jede Zunge bekenne, dass Jesus Christus Herr ist, zur Ehre Gottes, des Vaters.« Sein Gesicht glühte vor heiliger Leidenschaft, als er sagte: »Wenn Christus erhöht ist, so soll er mit mir machen, was ihm gefällt. Mein einziges Gebet soll es sein, dass mein Ich sterben möge und ich vollkommen für ihn und zu seiner Ehre lebe. Meine liebe Frau, dies erkenne ich nun! Lobe den Herrn mit mir!«

Als er seinen inneren Frieden wiedergefunden hatte und sie körperlich stärker wurde, entschieden sie noch in Croydon, die Zwillinge dem Herrn und seinem Dienst zu weihen. Sie luden einige Freunde ein, mit denen sie gemeinsam zu Gott beteten und ihn lobten. Am Ende wurden die Babys im Raum herumgetragen, damit jeder sie küssen und segnen konnte. Diese Gebete wurden im Leben von Charles und Thomas Spurgeon sicherlich unzählige Male erhört. Das Unglück in der Music Hall zog teils bösartige Beschimpfung in der Presse nach sich und der Prediger sammelte die Zeitungen mit Kommentaren und Kritiken, wie er es während seiner gesamten Amtszeit getan hatte. Seine Frau klebte alles in ein Buch, auf das C.H. Spurgeon selbst den Titel schrieb: »Fakten, Fiktion und Fantastereien.« Im Alter konnte die liebende Frau über die ungerechten und grausamen Worte der Feinde ihres Mannes lächeln, –

> aber als sie veröffentlicht wurden, waren diese Verleumdungen eine schwere Last für mich. Abwechselnd litt

mein Herz mit ihm und glühte vor Entrüstung über seine Kritiker. Lange fragte ich mich, wie ich ihn anhaltend trösten könnte, bis ich endlich das Hilfsmittel fand – diese Verse in großen, altenglischen Buchstaben umgeben von einem hübschen Oxford-Rahmen: »Glückselig seid ihr, wenn sie euch schmähen und verfolgen und alles Böse lügnerisch gegen euch reden werden um meinetwillen. Freut euch und jubelt, denn euer Lohn ist groß in den Himmeln; denn ebenso haben sie die Propheten verfolgt, die vor euch waren« – Matthäus 5,11.12. Wir hängten den Text in unserem Zimmer auf und mein lieber Prediger las ihn jeden Morgen. Er erfüllte seinen Zweck, da er sein Herz stärkte und ihn seine unsichtbare Waffenrüstung anlegen ließ. Ungeachtet ihrer Schmähungen konnte er sich so gelassen unter den Menschen bewegen und sich ausschließlich mit ihren besten und höchsten Interessen befassen.

Privates Glück und Dienst für den Herrn

Im Jahr 1857 zogen Mr. und Mrs. Spurgeon in das Helensburgh House in der Nightingale Lane in Clapham. Es war wesentlich ansprechender als ihr erstes Haus in der New Kent Road. Clapham war damals eine ländliche Gegend,* und im eigenen Garten genoss der Prediger Ruhe und Erholung von seiner vielen Arbeit. Die Feldwege boten Gelegenheit für herrliche Spaziergänge, bei denen sich das junge Paar erholen konnte, ohne von Bewunderern verfolgt oder angesprochen zu werden. An ihrem früheren Wohnort war dies nicht immer möglich. Über den Garten sagt Mrs. Spurgeon:

> Es war ein herrlicher Ort für uns, auch wenn er sehr vernachlässigt und dadurch verwildert war: Die Brombeersträucher sahen eher wie Bäume aus und die Obstbäume schrien förmlich danach, zugeschnitten zu werden. Für uns war diese Unordnung und Unschuld noch interessanter, weil wir die freudige Aufgabe hatten, es allmählich mit unseren Vorstellungen eines Gartens in Einklang zu bringen. Ich muss gestehen, dass wir viele dumme Fehler begingen, sowohl im Haus als auch im

* Clapham ist heute ein innerstädtischer Stadtbezirk Londons südlich der City.

> Garten, aber was machte das schon? Nie hatten zwei Vögel größere Freude beim Bau ihres Nestes in einer Astgabel als wir beim Planen und Umstellen, beim Verändern und Einrichten unseres hübschen Landhauses.

Hin und wieder erhielten der Pastor und seine Frau Besuch von angesehenen Personen. Und während einer Krankheitsphase pflegte der Prediger einen netten Kontakt zu John Ruskin, der seinen Freunden bei einem Besuch einige reizende Holzschnitte und ein paar Flaschen Wein eines seltenen Jahrgangs schenkte. Mrs. Spurgeon erzählt gerne von der wunderbaren Zeit in ihrem ländlichen Zuhause in Clapham.

> In diesem entzückenden Haus in der Nightingale Lane lebten wir viele glückliche Jahre. Blicke ich nach all der Zeit zurück, denke ich, dass es die am wenigsten von Sorge und Kummer überschatteten Jahre unserer Ehe waren. Wir waren beide jung und voller Leben, bei guter Gesundheit und liebten einander sehr. In der frischen Landluft wuchsen unsere Kinder gut heran und ich setzte meine ganze Zeit und Kraft für das Wohl und die Freude meines geliebten Mannes ein. Ich hielt es für lauter Freude und für ein Vorrecht, immer an seiner Seite zu sein, ihn auf vielen seiner Predigtreisen zu begleiten, ihn während seiner gelegentlichen Krankheiten zu pflegen, sein freudiger Begleiter auf Urlaubsreisen zu sein, stets über ihn zu wachen und mich mit Begeisterung und Mitgefühl, hervorgerufen durch meine große Liebe zu ihm, um ihn zu kümmern. Dies erwähne ich nicht,

um auf meinen Verdienst hinzuweisen, sondern weil ich Gott für die zehn gesegneten Jahre danken möchte, in denen es mir erlaubt war, ihn mit all der Fürsorge und zärtlichen Zuneigung einer Ehefrau zu umgeben. Später hatte Gott andere Pläne. Er hielt es für angebracht, unsere Positionen zu vertauschen. Lange Zeit wurde Leiden statt Dienen mein tägliches Teil – und die Sorge um eine kranke Ehefrau das Teil meines Geliebten.*

Der Garten war ein regelmäßiger Treffpunkt für Singvögel, und während ihrer Genesungszeit war es für Mrs. Spurgeon eine Freude, am Fenster zu sitzen und die kleinen Geschöpfe zu füttern. Auf diese Weise gewann sie viele gefiederte Freunde, die um sie herum hüpften und ihr aus der Hand fraßen. Die vollkommene Liebe hatte die Furcht vertrieben.

Der Samstagmorgen war viele Jahre lang für die Studenten reserviert, die gewöhnlich von Mr. Rogers' Haus, wo sie wohnten, zur Nightingale Lane herunter kamen. Im Garten hörten sie dann die Vorträge von C.H. Spurgeon über Theologie, Predigtlehre und verwandte Themen. Dies war der Anfang der berühmten *Lectures to Students*.†

Wenn sich Mrs. Spurgeon guter Gesundheit erfreute, arbeitete sie aktiv in der Gemeinde ihres Mannes mit, zu-

* Leider liegen keine Angaben vor, unter welcher Art von Krankheit Susannah litt. Sie ist jedenfalls mit etwa 33 Jahren an einem schweren chronischen Leiden erkrankt, das häufige starke Schmerzen verursachte und sie mit 36 Jahren halbwegs bettlägerig machte.

† »Vorlesungen für Studenten.« Auf Deutsch erschienen unter dem Titel *Ratschläge für Prediger*.

erst in der *New Park Street Chapel*, später dann im *Metropolitan Tabernacle.** Sie besuchte die Gottesdienste, leistete oft geistlichen Beistand für Frauen und Mädchen mit Zweifeln und unterstützte die weiblichen Täuflinge bei den Taufen. Nach dem ersten Taufgottesdienst in dem monumentalen, gerade erst eröffneten Gebäude schrieb Dr. Campbell am 12. April 1861 im British Banner:

> Das Interesse war überwältigend – zweifellos kaum geringer als bei einer katholischen Ordination. Da war der junge Redner, das Vorbild der Gemeinde, dessen Gesicht strahlte wie das Licht, und dort am Rand Mrs. Spurgeon, eine anziehende junge Dame mit vornehmer Würde und unnachahmlicher Bescheidenheit – bewundert von allen, die sie sahen. Freundlich führte sie die zitternden Schwestern nacheinander nach vorn zu ihrem Ehemann, der sie behutsam und gütig empfing und sie untertauchte – mit den passenden Worten, um sie zu stärken und zu ermutigen.

Als im Monat darauf die erste Gemeindeversammlung im Tabernacle stattfand und im Gemeindebuch Gott gedankt wurde, stand Mrs. Spurgeons Name am Anfang einer langen Unterschriftenliste direkt nach denen des Pastors, der Diakone und der Ältesten.

* Wegen der großen Zahl der Gottesdienstbesucher eröffnete die Baptistengemeinde von Southwark 1861 den Metropolitan Tabernacle. Der Tabernacle bot 5.500 Sitz- und weitere 500 Stehplätze.

Ehemann und Ehefrau

Am Anfang ihrer Ehe begleitete Mrs. Spurgeon ihren Ehemann auf seinen Erholungsreisen in England und auf dem Kontinent, aber 1868 war es damit vorbei.

> Von diesem Zeitpunkt an war ich viele Jahre lang eine Gefangene in einem Krankenzimmer und mein Geliebter musste mich allein zurücklassen, wenn ihn die große Belastung seiner Arbeit und Verantwortung zwang, sich weit von Zuhause weg zu erholen. Diese Trennungen waren für unsere zärtlich verbundenen Herzen sehr schmerzlich, aber wir nahmen Anteil am Kummer des anderen, so tapfer wie wir konnten, und versuchten ihn durch regelmäßigen Briefwechsel so gut wie möglich zu lindern.

Es waren wundervolle Briefe – die erdenklich besten und wundervollsten Liebesbriefe. Einmal schrieb er ihr:

> Gott segne dich und helfe dir, meine Abwesenheit zu tragen. Es ist besser, dass ich wohlbehalten an einem fernen Ort bin, als dass ich Zuhause leide – es ist besser für dein liebendes Herz, das weiß ich. Denke keinen Augenblick daran, dass unsere Liebe durch meine Abwesenheit erkalten könnte. Unsere Zuneigung ist eine perfekte Verbindung, für immer unauflöslich. Meine Wertschätzung

> deiner Güte ist nun vereint mit der tiefen, leidenschaftlichen Liebe, die anfangs allein vorherrschte. Jedes neue Jahr wirft einen weiteren Anker aus, der mich noch stärker an dich bindet, obwohl nur ein einziger notwendig wäre. Möge mein Herr, dessen züchtigende Hand diese Abwesenheit erforderte, dir sowohl eine verborgene, innere Entschädigung als auch körperliche Heilung zuteilwerden lassen! Mein Herz ist bei dir.

Ein anderes Mal schrieb er: »Wüsste ich, dass es dir besser geht, würde ich mir nichts mehr wünschen als deine Gesellschaft.« Ein oder zwei Tage später: »Ich danke Gott für den Lichtblick in den guten Nachrichten deines Briefes, den ich soeben empfangen habe.« In einem Brief aus Rom lesen wir:

> Heute Morgen erhielt ich zwei kostbare Briefe von dir, die mir mehr wert sind als alle Schätze der antiken oder der modernen Kunst. Das Material, aus dem sie gefertigt sind, ist von größtem Wert für mich. Sie sind rein wie Alabaster und weitaus kostbarer als Porphyr, ganz zu schweigen von Malachit oder Onyx, denn die Liebe übertrifft sie alle.

Für Charles Haddon Spurgeon war dieser Briefwechsel mehr als eine liebevolle Pflicht gegenüber seiner Frau. Da sie wusste, dass ihn andere Korrespondenz ebenso drängte wie das Verfassen seiner Bücher, bat sie ihn oft, ihr seltener zu schreiben, um sich mehr Ruhe gönnen zu können. Aber er hörte nicht auf sie und schrieb ihr während seiner

Abwesenheit täglich einen Brief – ausgenommen auf langen Zugfahrten.

> Jedes Wort, das ich dir schreibe, ist eine ebenso große Freude für mich wie für dich. Ich schreibe dir viele zusammenhangslose Dinge, die ich so festhalte, wie sie mir einfallen. Du siehst also, es macht mir keine große Mühe, sondern ist nur nettes Gekritzel. Sorge dich nicht, weil ich dir so viele Briefe schreibe, es ist mir ein Vergnügen, dir meine Freude mitzuteilen.

Als er ein anderes Mal einige selbst angefertigte Skizzen von den Frisuren italienischer Frauen sandte, schrieb er: »Meine Liebe, hoffentlich amüsiert es dich. Ich betrachte diese Zeichnungen als heilige Arbeit, sollten sie auch nur ein einziges Lächeln bei dir hervorgerufen haben.« Nach Charles' Tod sagte Mrs. Spurgeon über die Zeichnungen und den Brief:

> Dass ich damals über sie gelacht habe und jetzt über sie weine, ist eine natürliche Reaktion auf die völlige Trennung, die Gott für uns bestimmt hat. Er wohnt im Land der Herrlichkeit und ich verweile noch immer inmitten der irdischen Schatten. Doch wahrlich, ich glaube, dass unser Wiedersehen zarte und detaillierte Erinnerungen an die irdische Liebe und die vielfältigen Segnungen unseres gemeinsamen Lebens hervorrufen wird. In den Pausen zwischen Anbetung und freudigem Dienst werden wir sicherlich über diese Dinge sprechen. Menschen, die sich hier unten geliebt und mitei-

> nander gelitten und gedient haben, werden im Himmel liebliche Gespräche führen. Nach dem Entzücken, den König in seiner Herrlichkeit zu sehen und das Gesicht dessen zu erblicken, der uns durch sein Blut für Gott erlöst hat, kommt gleich die herrliche Gemeinschaft der Heiligen an diesem Ort unvorstellbarer Glückseligkeit, den Gott denen bereitet hat, die ihn lieben.

Nach ihrer Erkrankung müssen Mrs. Spurgeon solche Trennungen sehr geschmerzt haben, aber entsprechend ihrer Entscheidung vor und während der Ehe zögerte sie nicht, bereitwillig auf ihren Geliebten zu verzichten, damit dieser Gott dienen oder den für seine Gesundheit erforderlichen Urlaub auf dem Kontinent machen konnte. Im Alter erzählte sie:

> Ich danke Gott, dass er mir die Entschlossenheit dazu gab, und ich freue mich, mir nicht vorwerfen zu können, seinem Gott geweihten Leben im Wege gestanden zu haben. Dies ist nicht mein Verdienst, sondern vielmehr der Wille des Herrn für mich. Er bereitete mich vor, sodass ich seinen erwählten Diener in späteren Jahren gerne den unablässigen Forderungen seines Dienstes, seinem Bücherschreiben und den vielfältigen Arbeiten seines außerordentlich geschäftigen Lebens überlassen konnte.

Dass dies keine eitle, leere Prahlerei war, bestätigte C. H. Spurgeon liebevoll in einem Brief, den er seiner Frau 1871 schrieb. Darin erklärt er:

Niemand weiß, wie dankbar ich Gott für dich bin. An allem, was ich je für ihn getan habe, hast du großen Anteil, denn du hast mich für den Dienst ausgestattet, indem du mich so glücklich gemacht hast. Kein Funken Kraft für die gute Sache ist durch dich verloren gegangen. Deiner süßen Gemeinschaft habe ich es zu verdanken, dass ich dem Herrn weit mehr gedient habe und keinesfalls weniger.

Die Lebensmitte

Nachdem der Pastor und seine Frau fast ein Dutzend Jahre im Helensburgh House in der Nightingale Lane gewohnt hatten, wurde es dort zu klein und unpraktisch für einen Mann, der für seine Arbeit eine große Bibliothek und dementsprechend viel Platz für seine Bücher benötigte. Aufgrund der glücklichen Erinnerungen liebten beide das alte Haus, aber weil sie mehr Platz brauchten, entschieden sie sich nach einiger Überlegung, das Gebäude abzureißen und ein neues Helensburgh House zu errichten, welches den veränderten und gestiegenen Bedürfnissen entsprach. 1869 wurde das alte Haus abgerissen und an seiner Stelle entstand ein ansehnliches Haus mit reichlich Platz für alle Ansprüche der Familie. Charles und Susannah Spurgeon waren immer großzügig mit ihrem Geld umgegangen und hatten stets jedes verfügbare Pfund für die eine oder andere Sache des Herrn gegeben, die ihnen am Herzen lag. Einige ihrer wohlhabenderen Freunde kamen daher zu dem Entschluss, dass es ungerecht wäre, sie jetzt auf den Kosten für das neue Haus sitzen zu lassen. Die uneigennützige Arbeit und außergewöhnliche Energie des Pastors hatten das Haus letzten Endes notwendig gemacht. Als Zeichen ihrer Wertschätzung und Anerkennung beschlossen diese Freunde, den Großteil der Kosten zu übernehmen. Mr. William Higgs, der Architekt des Metropolitan Tabernacle, baute das neue Helensburgh House und keine Mühe wurde gescheut, es zu einem würdigen Geschenk und zu einem angemessenen Wohnsitz für den hingegebenen Diener und seine kranke Frau zu machen.

Bevor das Haus bezugsfertig war, traf sich der Prediger mit den Spendern. Mrs. Spurgeon, die nach dem Abriss des alten Hauses in Brighton* untergekommen war, kam nach London, um dem Treffen beizuwohnen. C. H. Spurgeon hielt eine kleine Rede, dankte seinen Freunden für ihr Geschenk und zollte ihrer Großzügigkeit liebevoll Tribut. Er endete mit den Worten:

> Meine Frau und ich haben fest beschlossen, niemals Schulden für irgendetwas zu machen. Aber ihr wisst, wie viel uns der Dienst im Werk des Herrn abverlangt.

Und er erklärte, dass er nicht reich war, weil er bei vielen Gelegenheiten Gaben abgelehnt hatte – so zum Beispiel auf einer Vortragsreise durch Amerika, bei der er in wenigen Wochen mehr Geld hätte bekommen können als wohl in vielen Jahren seines Dienstes. »Ich beabsichtige nicht, mich jetzt auszuruhen, weil ich ein neues Haus besitze. Wenn möglich, werde ich härter arbeiten und besser predigen als je zuvor.« Allem, was ihr Mann über sich sagte, stimmte Mrs. Spurgeon zu.

Nach diesem interessanten Treffen kehrte Mrs. Spurgeon, die zu jener Zeit unter großen Schmerzen litt, nach Brighton zurück. Dort nahm der Arzt Sir James Y. Simpson aus Edinburgh eine schwere Operation an ihr vor, die

* Südlich von London an der Kanalküste gelegen.

ihr ein wenig Erleichterung von den Schmerzen brachte und ihren Gesundheitszustand geringfügig verbesserte. Währenddessen übernahm ihr Mann die ganze Verantwortung für die Einrichtung des Hauses sowie für die Einzugsvorbereitungen. Wie liebevoll er diese Aufgabe erfüllte und wie sorgfältig er darauf achtete, dass seiner Frau alles gefiel, zeigt folgender Brief an Mrs. Spurgeon:

> Meine liebe kranke Frau, mich schmerzt es zu hören, dass du noch immer in einer so schlechten Verfassung bist. Möge es dem allzeit gnädigen Gott gefallen, dir Erleichterung zu verschaffen! Ich habe heute eine lange Runde gemacht – sofern eine Runde lang sein kann. Zuerst habe ich bei Finsbury einen Kleiderschrank ausgesucht – er ist wirklich sehr schön. Ich hoffe, dass du lange lebst, um deine Kleidung darin aufzuhängen, jede einzelne Faser deiner Kleider ist für mich kostbar um deinetwillen. Als nächstes fand ich bei Hewlett einen Kronleuchter für das Speisezimmer nach unser beider Geschmack. Danach kaufte ich bei Negretti und Zambra ein Barometer, das ich mir schon lange gewünscht hatte. Auf der Straße erhielt ich die Presburg-Biskuits, die ich dir mit dieser Nachricht sende, und hoffe, dass sie bald bei dir ankommen. Sie sind versüßt mit meiner Liebe und meinen Gebeten. Ich hoffe, der Kleiderschrank passt zum Schlafzimmer. Er ist gut verarbeitet, und ich schätze, er entspricht genau deiner Vorstellung. Mr. Joseph Passmore hat ihn uns geschenkt, und er sollte eine kleine Nachricht erhalten, wenn mein Liebling wieder genug Kraft zum Schrei-

ben hat. Aber es hat noch Zeit. Außerdem habe ich einen Tisch für dich gekauft, falls du das Bett hüten musst. Mit einer Schraube kann man ihn tiefer oder höher stellen oder auch seitlich drehen, so dass er über das Bett reicht. Er hat auch eine Klappe für ein Buch oder für Papier, damit meine Liebe auch im Liegen bequem lesen oder schreiben kann. Ich konnte nicht widerstehen, dir eine kleine Freude zu machen, in der Hoffnung, dass du es nicht oft benötigst – aber wenn du es brauchst, kann es dir hilfreich sein. Sei getrost, alles was ich kaufe, habe ich bezahlt – mit den Einkünften, die ich mit meiner Feder erarbeitet und die ich gnädigerweise in Zeiten der Not erhalten habe. Ich möchte, dass du dir über nichts Sorgen machen musst. Ich werde das Geld für Vorhänge und andere Dinge zusammen bekommen, und du kannst sie dann nach deinem guten Geschmack bestellen. Mehr habe ich nicht zu schreiben, mit Ausnahme der sehr alten Geschichte einer Liebe, die sich um dich sorgt und gerne ein Wunder vollbringen und dich wieder ganz gesund machen möchte. Ich fürchte, das Fieber macht dir zu schaffen. Wie sagte doch der Älteste zu Johannes in seiner Vision auf Patmos über jene, die vor dem Thron Gottes sind? »… noch wird die Sonne auf sie fallen noch irgendeine Glut« [Offb 7,16] – Dein C. H. S., der dich liebt im Leben wie im Tod und in Ewigkeit.

Als alles fertig war, war Mrs. Spurgeon aufgrund ihres schlechten Gesundheitszustands nicht in der Lage, Brighton zu verlassen, und ihr Mann musste allein in das Haus einziehen. Aber als sie endlich wieder in die Nightingale Lane zurückkehren konnte, sah sie, dass die Fürsorge ihres Mannes nichts vergessen hatte, was dem Komfort für eine Kranke diente, die fast ausschließlich an die Couch gebunden war. Sie schrieb:

> Niemals wird sie ihr Entzücken bei der Heimkehr vergessen noch seinen freudigen Stolz, mit dem er auf all die Vorkehrungen hinwies, die ihre Gefangenschaft ausgleichen und lindern sollten. In der einen Ecke des Raumes stand ein geschickt entworfener Schrank, in den er alle Details seiner liebevollen Fürsorge gelegt hatte. Öffnete man die Türen, kam ein kleines Waschbecken mit Warm- und Kaltwasseranschluss zum Vorschein, so dass kein erschöpfendes Treppensteigen mehr nötig war, und sogar die Handtücher waren mit ihrem Namen bestickt. Er hatte an alles gedacht. In der ganzen Einrichtung des kleinen Raumes steckte seine hingebungsvolle Liebe, so dass ihre Gefühle nicht in Worte zu fassen waren, als sie es das erste Mal sah, und auch später, als sie den großen, praktischen Nutzen und Wert genoss.

Während ihrer schweren Krankheit wurde Mrs. Spurgeon auf bemerkenswerte Weise ein Wunsch erfüllt, was nur dem Eingreifen Gottes zugeschrieben werden konnte. Ihr Mann fragte sie oft, ob er ihr irgendetwas besorgen könnte. Gewöhnlich verneinte sie es. Aber eines Tages sagte sie eher scherzhaft zu ihm: »Ich hätte gerne einen Opalring und einen zwitschernden Kanarienvogel!« Ihr Mann war überrascht, antwortete aber: »O, du weißt, dass ich dir das nicht besorgen kann!« Mehrere Tage lachten sie über die seltsame Bitte, vergaßen sie dann aber wieder. Mrs. Spurgeon selbst erzählt, wie die Geschichte weiterging:

> An einem Donnerstagabend kam mein Mann vom Tabernacle nach Hause und betrat mein Zimmer mit einem so strahlenden und liebevollen Blick, dass ich wusste, ihm bereitete etwas große Freude. In seiner Hand hielt er eine kleine Schachtel, und ich bin mir sicher, seine Freude übertraf meine, als er ihr einen kleinen Ring entnahm und mir an den Finger steckte. »Hier ist dein Opalring, meine Liebe«, sagte er und erzählte dann, auf welch merkwürdige Weise er an ihn gekommen war. Eine alte Dame, die er einmal in ihrer Krankheit besucht hatte, sandte eine Nachricht zum Tabernacle, dass sie Mrs. Spurgeon ein kleines Geschenk überreichen möchte, und bat um dessen Abholung. Mr. Spurgeons Privatsekretär ging umgehend zu ihr und holte das kleine Päckchen mit dem Opalring. Ich muss es der Vorstellung meiner Leser überlassen, wie wir darüber sprachen, wie sich die zarte Liebe des Herrn zu seinem leidgeprüften Kind herabneigte und der kranken Frau seines teuren Dieners ein unnötiges Geschenk machte. Aber ich erinnere mich noch, wie nahe uns der Herr war.
>
> Kurz darauf zog ich nach Brighton, um eine Krise in meinem Leben zu durchstehen, deren Ausgang entweder bessere Gesundheit oder den Tod bedeutete. Eines Abends kam mein Mann von London und brachte

ein großes Paket: einen Käfig mit einem wunderschönen zwitschernden Kanarienvogel! Mein Erstaunen war groß, meine Freude grenzenlos. Diese Gefühle wurden noch intensiviert, als er mir erzählte, wie er in den Besitz des begehrten Schatzes gekommen war. Er hatte eine liebe Freundin von uns besucht, deren Mann todkrank war. Und nachdem sie den Kranken Gott anbefohlen hatten, sagte Mrs. T. zu ihm: »Ich möchte meinen Kanarienvogel gern Mrs. Spurgeon schenken. Ich würde ihn niemand anderem geben. Seine Lieder sind zu viel für meinen Ehemann in seinem schwachen Zustand, und ich weiß, dass Mrs. Spurgeon Bully mögen und er ihr in ihrer Einsamkeit Freude bereiten wird, wo Sie sie doch so oft allein lassen müssen.« Mr. Spurgeon erzählte ihr dann von meinem Wunsch nach einem solchen Gefährten und gemeinsam jubelten sie über die Fürsorge des liebenden Vaters im Himmel, der so wundervoll für das Geschenk sorgte, das sich sein Kind ersehnt hatte. Mit diesem Käfig neben sich wurde die Fahrt nach Brighton sehr kurzweilig.

Als Bully dann sein schönes Lied pfiff und zur Belohnung Hanfsamen von den Lippen seiner neuen Herrin nahm, da gab es in dem kleinen Zimmer am Meer Augen voller Freudentränen und Herzen voller Gotteslob. Und mein Mann sagte: »Du bist wohl eines der verwöhnten Kinder des himmlischen Vaters; er gibt dir alles, worum du bittest.« Zweifelt irgendjemand daran, dass dieser Vogel eine unmittelbare Liebesgabe des mitfühlenden Vaters war?«, fragte Mrs. Spurgeon. »Höre ich jemanden sagen: »O, das war alles nur Zufall, was

> sich da ereignet hat«? Liebe Freunde, jene unter euch, die von ihm ähnlich beschenkt wurden, wissen mit Sicherheit, dass es nicht so ist. Der, der für seine ganze Schöpfung sorgt, sorgt mit unendlicher Güte für die Kinder seiner Liebe. Nichts, was sie betrifft, ist ihm zu klein oder unwichtig.

Obwohl sie so schwach und krank und über so lange Zeit an ihr Zimmer gebunden war, unterrichtete Mrs. Spurgeon treu ihre Zwillinge in der christlichen Lehre und durfte die Freude erleben, dass beide in jungen Jahren zum Herrn geführt wurden. Thomas Spurgeon schrieb später:

> Ich führe meine frühe Bekehrung direkt auf ihr ernstes Bitten und ihr strahlendes Vorbild zurück. Sie versagte sich den Gottesdienstbesuch am Sonntagabend, um ihrem Haushalt das Wort des Lebens beizubringen. Sie lehrte mich zu singen, aber zuerst musste ich die Worte auch wirklich so meinen: »Ich glaube, ich werde glauben, dass Jesus für mich starb, dass er am Kreuz sein Blut vergoss, um mich von der Sünde zu erlösen.« Mein lieber Bruder wurde durch das klare Wort eines Missionars zum Herrn geführt. Aber auch seine Errettung geht zum guten Teil auf den Einfluss und die Belehrung unserer Mutter zurück. Dadurch wurde der Boden für den späteren Samen vorbereitet.

Am 21. September 1874 wurden die Söhne von ihrem Vater im Metropolitan Tabernacle vor einer riesigen Menschenmenge getauft. Mrs. Spurgeon war selbst Augenzeuge dieses öffentlichen Glaubensbekenntnisses ihrer Söhne. Bei dieser Gelegenheit wurde ihr eine Ansprache in der Gemeinde gewidmet: Gedankt wurde »dem allmächtigen Gott, dass er die beiden Söhne unseres geliebten und geehrten Pastors so früh in die Gemeinschaft der Heiligen berufen hat.« Sie lobten »unseren gnädigen Herrn, dem es gefallen hat, die frommen Unterweisungen und das Vorbild unserer lieben Schwester Mrs. Spurgeon auf so großartige Weise zu gebrauchen, dass göttliches Leben in den Herzen ihrer Zwillingssöhne heranwuchs und gefördert wurde. Und wir beten aufrichtig«, endete die Ansprache, »dass sie inmitten ihrer lang anhaltenden Leiden stets geistlichen Trost empfangen möge, auch durch die wachsende Hingabe derer, die ihr auf diese Weise zweimal im Herrn gegeben wurden.«

Die Gründung des Buchfonds

Hätte Mrs. Spurgeon nie selbst ein neues Werk organisiert, würde man sich an sie als die Frau des großen Predigers erinnern, dem sie eine solch wertvolle Hilfe und Ermutigung war, und die laut C. H. Spurgeon »ein Engel Gottes« für ihn war. Doch abgesehen von solchen Assoziationen und den Ehrenbekundungen ihres Ehemannes verdient ihr Name es, für immer in den Annalen der Kirchengeschichte zu bleiben – nämlich in Verbindung mit ihrem Fonds, der mittellosen Pastoren theologische Bücher zukommen ließ.

Dieser Zweig der christlichen Arbeit war und ist einzigartig und seine enorme Wichtigkeit und Notwendigkeit für Verkündigungsdienst und Gemeindebau kann nicht genug geschätzt werden. In seinem Vorwort in Mrs. Spurgeons Buch *Ten Years of My Life in the Service of the Book Fund* (»Zehn Jahre meines Lebens im Dienst des Buchfonds«) drückt C. H. Spurgeon seine Überzeugung aus, »dass diese Arbeit leider notwendig und doch ausgesprochen nützlich war und immer noch erforderlich ist.« Er fragte:

> Wie können viele unserer Pastoren Bücher kaufen? Wie könnten sie in den Dörfern überhaupt welche bekommen? Was würde aus ihrem Dienst, wenn sie keine geistliche Nahrung erhalten? Ist es nicht unsere Pflicht, den

Hunger zu stillen, der in vielen Pfarrhäusern herrscht? Ist das nicht eine vernünftige Methode –, die die Aufmerksamkeit all derer verdient, die eine Verbreitung des Glaubens wünschen –, um die Prediger auf unseren Kanzeln mit gutem Material auszustatten?

Die Gründung des Buchfonds brachte unglaubliche Zustände ans Licht. Viele Prediger konnten sich seit zehn Jahren kein neues Buch leisten. »Ist es da verwunderlich, wenn Prediger manchmal träge sind?«, kommentierte C. H. Spurgeon dazu.

Wie die meisten anderen wichtigen Werke hatte der Buchfonds einen recht simplen Anfang; niemand dachte daran, wie wunderbar sich alles entwickeln würde. Im Sommer 1875 beendete C. H. Spurgeon den ersten Band von *Lectures to My Students* (Ratschläge für Prediger). Er hatte seiner Frau das Manuskript gegeben und nach ihrer Meinung gefragt. »Ich wünschte«, antwortete sie ihm, »ich könnte es jedem Pastor in England in die Hand drücken.« Der Prediger erwiderte umgehend: »Warum nicht? Wie viel würdest du dafür investieren?«

Das traf mitten ins Schwarze. Mrs. Spurgeon war auf diese Aufforderung nicht vorbereitet, aber sie fragte sich, ob sie nicht etwas vom Haushaltsgeld oder von ihrem persönlichen Konto einsparen könnte. Da das Geld knapp war, würde es natürlich irgendwo fehlen. Doch plötzlich hatte sie einen Geistesblitz, der ihr den Weg ebnete.

Oben hatte ich in einer kleinen Schublade Kronen* gehortet; aufgrund einer törichten Idee sammelte ich

Jahre lang diese Geldstücke, wenn ich zufällig eines in die Hände bekam. Ich zählte sie und kam auf eine Summe, die exakt hundert Exemplaren des Buches entsprach. Ich verspürte zwar ein leichtes Bedauern, mich von meinen gehegten, aber unhandlichen Schätzen zu trennen, aber es war im nächsten Augenblick auch schon wieder verschwunden und ich gab sie freiwillig und dankbar dem Herrn.

Damals wusste ich es noch nicht, aber dadurch war der Grundstein für den Buchfonds gelegt. Die nächste Ausgabe von *Schwert und Kelle*[†] vom Juli 1875 enthielt eine Anzeige, in der Mrs. Spurgeon bedürftige Baptisten-Pastoren zur unentgeltlichen Bestellung des Buches aufforderte. Die Anfragen waren zahlreicher als erwartet und sie konnte nicht alle beliefern, obwohl die großzügige Spenderin zweihundert Exemplare statt der beabsichtigten hundert verteilte.

In der Augustausgabe von *Schwert und Kelle* berichtete C. H. Spurgeon erneut über dieses Thema und sagte:

Es war eine große Freude für meine geliebte Frau, so vielen bedürftigen Dienern des Herrn ein Buch zu schenken. Allerdings ist es eine traurige Tatsache, dass so viele ein solches Geschenk benötigen. Kann denn

* Diese englische Münze hatte einen Wert von einem Viertel Pfund.

† Engl. *The Sword and the Trowel.* Der Titel spielte an auf den Wiederaufbau Jerusalems in Nehemia 4,11: »Mit der einen Hand arbeiteten sie am Werk, während die andere die Waffe hielt.« Spurgeon gab diese Zeitschrift seit 1865 heraus.

> nichts unternommen werden, um Pastoren mit Büchern zu versorgen? Wenn sie schon nicht genug Geld bekommen, sollte um der Menschen Willen wenigstens ihre Seele nicht hungern.

Dieser Aufruf bewirkte, dass Freunde Geld sandten. So konnten im darauf folgenden September täglich Buchpakete an Pastoren verschickt werden, und die Arbeit wurde offiziell *Mrs. Spurgeon's Book Fund* benannt. Ein Gentleman spendete einige gute Bücher zur Verteilung an bedürftige Prediger. Andere, die kein Geld geben konnten, folgten seinem Beispiel und stellten Bücher aus ihrer Bibliothek zur Verfügung. Die Annahme dieser Art von Geschenken führte natürlich dazu, dass Mrs. Spurgeon viele Bücher aussortieren musste. Mehrfach protestierte sie behutsam, weil unbrauchbare Bücher abgegeben wurden, die einzig für den Trödel taugten, jetzt aber dem Buchfonds »geschenkt« wurden. In einem Bericht schrieb sie:

> Ich befürchte wirklich, dass manche Menschen denken, alles in Form eines Buches sei für einen Pastor gut, sonst würden sie kaum so etwas wie »Ratschläge für Mütter« oder »Briefe an einen Sohn« als Hilfsmittel zur Predigtvorbereitung schicken.

Ein anderes Mal schrieb sie:

> In unserem Umfeld gibt es viele freundliche und gütige Menschen, die nach dem Bericht über meinen Buch-

fonds geradewegs zum Bücherregal stürzten und voll Begeisterung und gutem Willen einen Stapel alter Bücher herausräumten und sie mir für meine bedürftigen Pastoren schickten. Das taten sie in dem festen Glauben, dass sie so die bestmögliche Hilfe für den Buchfonds, dessen Leiterin und Gottes bedürftiges Volk geleistet hätten.

Es tut mir Leid, dass ich die Begeisterung dämpfen muss oder undankbar für die Sympathiebeweise scheine, aber ich sehe mich gezwungen, meine Freunde, die es zwar gut meinen, aber falsch liegen, so liebevoll wie möglich darauf hinzuweisen, dass solche Geschenke mehr als unbrauchbar für mich sind. Oft bin ich mir im Unklaren, wie ich diese Lasten, die als Segnungen gedacht waren, wieder loswerden soll!

Wenn gute Menschen ihre verstaubten Bücherregale aussortieren, sieht das normalerweise so aus: Zahlreiche Ausgaben von *The Evangelical Magazine* und *The Baptist Record*, gelegentlich moderig und stets unvollständig; einige alte »Predigten« ihres ehrwürdigen Pastors, zu dessen Füßen sie vor einem halben Jahrhundert gesessen haben; ein oder zwei »Gedichtbände« eines so unbekannten wie unbegabten Poeten; einige alte Werke über abstruse Ansichten; *Französische Grammatik und Übungen; Fragen* von Magnell; *Ratschläge für das junge Ehepaar*; und – so könnte ich noch hinzufügen – ein Kochbuch, aber das ist doch ein wenig übertrieben, während alles andere den Tatsachen entspricht. Was sollen meine armen Pastoren mit solchem Abfall anfangen?

In Anerkennung der bereits erwähnten ersten wertvollen Buchschenkung durch einen Gentleman sagte Charles Spurgeon:

> In der Vergangenheit haben wir mehrfach Pakete mit alten Zeitschriften und ausrangierten Gerümpel aus Bibliotheken erhalten und haben daraus geschlossen, dass die Spender denken, wir führten einen Trödelladen. Aber dieser Freund hat uns wirklich wertvolle Standardwerke geschickt. Wir sind zuversichtlich, dass sie einigen mittellosen Predigern ein wahrer Segen sein werden.

Im Herbst wurde Mrs. Spurgeon ernstlich krank und der Versand der Bücher verzögerte sich. Aber bereits im November hatte sie sich so weit erholt, dass sie die Arbeit wieder aufnehmen konnte. Kaum ein Tag verging, an dem nicht ein armer Pastor durch eine Büchersendung erfreut wurde, welche er sich mit seinen knappen Mitteln niemals hätte leisten können. Es wurde keine Unterscheidung aufgrund der Denomination gemacht. Obwohl die Armut unter Baptisten-Pastoren vielleicht am größten war, gab es in allen Gemeinden Hunderte von Predigern, die die für ihren Dienst notwendigen Bücher nicht kaufen konnten. Kurz darauf fügte Spurgeon seinen *Ratschlägen für Prediger* den wertvollen mehrbändigen Psalmenkommentar *Die Schatzkammer Davids* hinzu. Nach und nach wurden auch andere Bücher versandt, vorwiegend C. H. Spurgeons eigene Schriften und Predigten, die von den armen Pastoren am häufigsten nachgefragt wurden.

Bis Januar 1876 hatten Freunde ohne jegliche Aufforderung 182 Pfund geschickt und diese Summe war bis August, genau ein Jahr nach der Gründung des Fonds, auf 500 Pfund angewachsen, was einem Versand von 3.058 Bänden entsprach. Durch eine großzügige Vereinbarung lieferte Spurgeons Verlag dem Fonds Spurgeons Werke zu einem sehr niedrigen Preis, so dass 500 Pfund einer Bücherlieferung im Wert von 800 Pfund entsprachen. Das neuartige und wichtige Werk stand nun auf einem soliden und festen Fundament und das Interesse wuchs, bedürftige Pastoren mit Büchern auszustatten. Nach den ersten zwölf Monaten zitierte Mrs. Spurgeon in *Schwert und Kelle* aus den Briefen einiger Empfänger, die ihre große Freude und Dankbarkeit über den Empfang der Bücher ausdrückten:

> Das ist sehr schön und bewundernswert, aber deutet es nicht auch auf etwas sehr Trauriges in unseren Gemeinden hin? Sicherlich hätten diese »Diener Christi«, diese »Botschafter Gottes« eine bessere Behandlung von uns verdient, als so lange auf diese so wichtigen Hilfsmittel für ihre heilige Berufung verzichten zu müssen. Bücher sind für einen Pastor ein ebenso notwendiges Werkzeug wie für einen Tischler Hobel, Hammer und Säge. Wir bedauern einen armen Mechaniker, dem durch ein Unglück seine Arbeitsgeräte abhandengekommen sind. Wir leisten sofort unseren Beitrag zum Wiederaufbau seines Geschäfts und erwarten währenddessen sicherlich keine Arbeiten von ihm.
>
> Ich frage mich, warum wir unseren armen Pastoren nicht dieselbe Hilfe zukommen lassen und sie großzügig

mit Geldern ausstatten, um sich diese enorm wichtigen Bücher beschaffen zu können? Ist es nicht erbärmlich, wenn wir daran denken, dass sie sich Jahr für Jahr mit 100 Pfund, 80 Pfund, 60 Pfund oder manche (ich schäme mich, dies zu schreiben) mit weniger als 50 Pfund durchkämpfen müssen? Viele haben eine große Familie, noch mehr eine kranke Frau und manche leider beides. Sie müssen hohe Arztrechnungen begleichen, für die Bildung ihrer Kinder sorgen und sind gezwungen, gepflegt aufzutreten, andernfalls wären ihre Zuhörer empört. Wie sie dies alles bezahlen, ohne Schulden zu machen (zu ihrer Ehre sei gesagt, dass der Großteil es schafft), können nur sie selbst und der ewig treue Gott wissen!

Ich habe noch nie eine Klage von ihnen gehört, höchstens ein oder zwei Mitleid erregende Zeilen wie diese: »Nach über 16 Jahren Dienst im Weinberg des Meisters tut es mir Leid sagen zu müssen, dass meine Bibliothek – ich habe ein geringes Gehalt, eine Frau und fünf Töchter – gerade mal 43 Bücher umfasst. Ich bin nicht imstande, sie durch zusätzliche Buchkäufe zu erweitern.« Oder folgende Aussage: »Mein Gehalt ist gering (60 Pfund), und hätten mich nicht Wohltätigkeitsvereine unterstützt, hätte ich große Schwierigkeiten, mich über Wasser zu halten.«

Warum müssen diese Männer in solcher Armut leben, dass sie sich absolut kein neues Buch leisten können, es sei denn, sie ließen ihre Kleinen barfuß gehen? »Der Arbeiter ist seines Lohnes wert«, aber diese armen Arbeiter auf dem Feld des Evangeliums bekommen einen Hungerlohn, der weder des Arbeiters noch der Arbeit wert ist. Und wenn ihre Gemeinde, die ihnen mehr helfen sollte, es nicht kann oder will, sollten wenigstens wir, liebe Freunde, alles in unserer Macht Stehende tun, um ihre Herzen zu ermutigen und ihren gebeugten Geist aufzurichten. Auch wenn ich etwas von meinem eigentlichen Thema abgekommen bin, musste ich dies erwähnen, denn mein Herz brannte in mir, und ich möchte diesen armen Brüdern einen Dienst erweisen.

Mrs. Spurgeons Motto waren die Worte, die ihr Ehemann dem Verschwender in *John Ploughman's Talk** in den Mund legte: »Gib, und Gott wird geben.«

Noch bevor der Buchfonds neun Monate existierte, wurde ihr Vertrauen auf bemerkenswerte Weise belohnt. Ein Gentleman sandte dem Fonds 50 Pfund – die bis dahin größte Spende. Der Betrag wurde innerhalb kürzester Zeit in Form von Büchern verteilt. Etwa sechs Monate später erklärte derselbe Gentleman (er bestand darauf, anonym zu bleiben) Mrs. Spurgeon seine Absicht, jedem der fünfhundert calvinistischen Methodisten-Pastoren, Prediger und Studenten in Nordwales über den Buchfonds ein Exemplar von *Ratschläge für Prediger* zukommen zu lassen. Außerdem überreichte er ihr weitere 50 Pfund für die Ausgaben des Fonds. Bevor die Verteilung in Nordwales beendet war, erteilte derselbe großzügige Spender Mrs. Spurgeon die Vollmacht, dieses Exemplar auch den Pastoren und Predigern in Südwales auf seine Kosten zu schicken.

* Deutscher Titel dieses Buches von C.H. Spurgeon: *Guter Rat für allerlei Leute. Reden hinterm Pflug.*

Der Buchfonds wächst

Wenige Monate bevor der Buchfonds ins Leben gerufen wurde, hatte Mrs. Spurgeon einige Zitronenkerne in einen großen Blumentopf eingesetzt in der Hoffnung, dass wenigstens einer von ihnen aufgehen und zu einer gesunden Pflanze heranwachsen würde. Tatsächlich schlug einer Wurzeln und ein zarter Stiel mit zwei winzigen Blättern erschien. Ihre Besitzerin umsorgte das Pflänzchen liebevoll. In einem glücklichen Moment verglich Mrs. Spurgeon ihren Buchfonds, der damals noch eine »zarte Pflanze« und dessen Fortbestand unsicher war, aber vorzügliche Möglichkeiten barg, mit dem kleinen Zitronenbaum. Als Letzterer prächtig gedieh und wuchs, beschloss sie, es als ein Zeichen für das Wohlergehen des Fonds zu betrachten und jedes Blatt stellte einen Betrag von 100 Pfund dar, den sie früher oder später bekommen würde. Der Baum wuchs gleichmäßig und beständig und seltsamerweise hielt der Fonds Schritt. Als sich neue Blätter bildeten, tauchten neue Spender auf, die Mrs. Spurgeon in ihrem karitativen Werk unterstützten.

Während der ganzen Zeit verband die Dame den Buchfonds gedanklich mit dem Zitronenbaum, da ihr beide am Herzen lagen. Obwohl zu keiner Zeit zu Spenden aufgerufen wurde, fehlte es nie an Geldern. Zwischen August 1876 und Januar 1877 wurden nicht weniger als 926 Pfund gespendet und am Ende des zweiten Jahres waren mehr als 2.000 Pfund eingegangen und ausgegeben worden. Im Laufe der Zeit zeigte sich, wie weit verbreitet der Bedarf an guter Literatur war, und die Briefe, die Mrs. Spurgeon jede Woche massenweise erhielt, waren mitleiderregend, während die Dankbarkeit der Buchempfänger sie förmlich schmerzte, so innig war sie. Susannah war in der Glaubensschule ihres Mannes geübt und vertraute nicht auf Menschen, sondern auf Gott. Das galt sowohl für das Geld, das sie für ihre Aufgabe benötigte, als auch für ihre Gesundheit und Kraft, um die ständig wachsende Arbeit von Korrespondenz und Organisation erledigen zu können. 1877 schrieb sie:

> Der Buchfonds wurde aus der Schatzkammer des Königs genährt, und ich rühme den Herrn, dass die ganze notwendige Versorgung zur Fortführung des Werkes eindeutig den Stempel des Himmels trug. Ich schreibe das, weil ich außer ihm niemanden um Hilfe gebeten habe. Nie habe ich einen Menschen um eine Spende gebeten, aber dennoch war immer Geld da und die Versorgung stieg in gleichem Maße wie die Bedürfnisse. Nur einmal in diesem Jahr prüfte der Herr meinen Glauben, als die Buchnachfrage unsere finanziellen Möglichkeiten überstieg. Und für einen kurzen Moment überkam mich Angst. Aber die dunkle Wolke verschwand schnell wieder und weitere Spenden festigten meinen Entschluss, mich einzig und allein auf die unbegrenzten Mittel meines himmlischen Schatzmeisters zu verlassen. Keiner der Freunde, die großzügig das Werk unterstützten, kann mir den Vorwurf machen,

ich wäre ihm gegenüber undankbar, wenn mein erster Dank Gott gilt. Vielmehr würden sie einstimmen in das Lob Gottes, der ihre Herzen geneigt hat, seinen Bedürftigen zu helfen, und freudig würden sie sagen: »Herr, von dir kommt alles, und aus deiner Hand haben wir dir gegeben« [1Chr 29,14].

Mit Freude erinnere ich mich an die erste Spende, die mich »für den Buchversand an Pastoren« erreichte. Ein anonymer Absender schickte Briefmarken im Wert von fünf Schilling. Dennoch war die Gabe sehr wertvoll und glich einer Offenbarung für mich, die mir eine strahlende Perspektive des möglichen Nutzens eröffnete. Das Senfkorn meines Glaubens wuchs zu einem großen Baum heran und Vögel der Hoffnung und Erwartung saßen singend in den Zweigen. Ich sagte zu meinen Jungs, der Herr werde mir Hunderte von Pfunden für diese Arbeit schicken. Der Ausdruck »Hunderte von Pfunden« wurde später ein geflügeltes Wort. Der Herr hatte mich froh gemacht, denn nun waren aus den Hunderten Tausende geworden. Er hat über die Maßen mehr gegeben, als ich erbeten oder erdacht hätte. Und mit einem solch treuen Gott an der Seite sollte der Glaube tatsächlich über Unmöglichkeiten lachen und sagen: »… so wird es geschehen« [Mt 21,21; Joh 15,7].

Die Arbeit von Mrs. Spurgeon beschränkte sich nicht lange nur auf die Versorgung mit Büchern. Anfang des Jahres 1877 stellte ihr ein Freund eine Summe zur Verfügung, von der sie je nach Bedarf den notwendigen Betrag nehmen konnte, um bedürftigen Pastoren in ihrer finanziellen Notlage zu helfen. Ihr Mann und weitere Freunde erhöhten den für diesen Zweck bereitgestellten Betrag. So wurde der äußerst nützliche und notwendige *Pastor's Aid Fund* (Hilfsfonds für Pastoren) gegründet und stellte sich als wertvolle Ergänzung zum Buchfonds heraus. Am Ende des Jahres übernahmen einige Schwestern die Versorgung von bedürftigen Predigerfamilien mit warmer und angemessener Kleidung. Auch dieser Zweig des Werkes wuchs bis zum heutigen Tag stetig an.

Ein weiterer Schritt wurde unternommen, als zwei Freunde die Mittel zur Verfügung stellten, um *Schwert und Kelle* ein Jahr lang an 60 Gemeindehirten zu verschicken, die sich selbst keine christliche Zeitschrift leisten konnten. Vielleicht wurden diese Weiterentwicklungen von Mrs. Spurgeons ursprünglicher Idee bereits durch eine Bemerkung angedeutet, die der Gärtner ihr gegenüber einige Zeit zuvor geäußert hatte: »Ihr Zitronenbaum wird immer größer und bringt eine Menge neuer Triebe hervor.«

Im Jahr 1878 erreichte Mrs. Spurgeons Leiden ein kritisches Stadium, und ihr Zustand war so ernst, dass ihr Sohn Thomas, der sich zu der Zeit in Australien befand, ein Eil-Telegramm mit der Nachricht erhielt, sofort zurückzukehren. Für eine gewisse Zeit schien es hoffnungslos, aber schließlich wurde die Krise mit gutem Ausgang überwunden. Und obwohl sie weiterhin krank war, konnte sie erneut ihre ganze Aufmerksamkeit dem Buchfonds widmen.

Die Arbeit wurde jedoch nicht weniger, sondern hatte sich aufgrund der Krankheit aufgestaut. Aber die Rückstände waren bald aufgeholt und das Jahr erwies sich als das erfolgreichste seit der Gründung. Diese Zeiten von Schmerz und Schwachheit, die Mrs. Spurgeon erleiden musste, brachten sie niemals zur Verzweiflung; ebenso wenig rebellierte sie gegen diese sonderbare Vorsehung, die ihr einen so unebenen Weg bestimmt hatte. Wenn das Geheimnis des Lebens sie für einen Moment sprachlos machte, fand sie schnell Trost im Vertrauen auf Gott, der alle Dinge gut macht.

Ihre Tage- und Notizbücher enthalten viele Einträge über ihre seelischen Erfahrungen in ihren schwersten Lebensphasen. Über diese Krisenzeiten schreibt sie:

> Am Ende eines sehr dunklen und düsteren Tages ruhte ich mich auf meiner Couch aus, während die Nacht weiter fortschritt. Und obwohl in meinem kleinen gemütlichen Zimmer alles hell war, schien es, als wäre etwas von der äußeren Dunkelheit in meine Seele gedrungen und hätte ihren geistlichen Blick getrübt. Vergeblich versuchte ich, die Hand zu erkennen, von der ich wusste, dass sie meine hielt und meine umnebelten Füße auf einem steilen und rutschigen Leidensweg führte. In meinem Herzenskummer fragte ich: »Warum behandelt Gott sein Kind so? Warum sendet er mir so häufig starke Schmerzen? Warum lässt er diese anhaltende Schwachheit zu, die mich am Dienst an seinen bedürftigen Dienern hindert?« Diese quälenden Fragen wurden schnell beantwortet, und obwohl in einer fremden Sprache, war kein anderer Dolmetscher notwendig als das bewusste Flüstern meines Herzens. Eine Weile war es still im Zimmer, nur unterbrochen vom Knis-

tern eines Holzscheits im Kamin. Plötzlich hörte ich ein liebliches, leises Geräusch, einen klaren Ton, wie das zarte Zwitschern eines Rotkehlchens vor meinem Fenster. »Was kann es sein?«, fragte ich meine Freundin, die im Schein des Feuers döste. »Zu dieser Jahreszeit, und dann noch in der Nacht, kann es unmöglich ein Vogel sein!« Wir lauschten und hörten wieder diese leisen, schwermütigen Töne, so süß, melodisch und gleichzeitig geheimnisvoll genug, um für einen Moment unser unverhohlenes Staunen hervorzurufen. Kurz darauf sagte meine Freundin: »Es kommt vom Holzscheit im Feuer!«, und sogleich stellten wir fest, dass ihre überraschende Behauptung richtig war. Das Feuer befreite die eingeschlossene Musik aus dem Innersten des alten Eichenholzes. Vielleicht hatte der Baum sich dieses Lied in den Tagen einverleibt, als es ihm gut ging, als Vögel vergnügt in seinen Ästen zwitscherten und das weiche Sonnenlicht seine zarten Blätter mit Gold überzog. Aber nun war er alt und hart geworden. Jahresring um Jahresring hatte die längst vergessene Melodie versiegelt, bis die glühenden Feuerzungen seine Herzlosigkeit verzehrten und ihm die unbeugsame Hitze plötzlich ein Lied und Opfer entlockte. Ich dachte: »O, wenn das Feuer der Bedrängnis Lobeslieder aus uns herausholt, dann sind wir gereinigt und Gott verherrlicht!«

Vielleicht sind manche von uns wie dieser alte Eichenholzscheit – kalt, hart und gefühllos. Ohne das um uns herum brennende Feuer würden wir keine melodischen Töne hervorbringen, keine zarten Noten des Vertrauens in Gott und keinen fröhlichen Gehor-

> sam gegenüber seinem Willen. Während ich nachsann, brannte das Feuer und meine Seele fand Trost in der Parabel, die mir auf so seltsame Art dargeboten wurde. Singen im Feuer! Ja, um unseren harten, teilnahmslosen Herzen harmonische Klänge zu entlocken, benutzt Gott, wenn nötig, einen siebenfach heißeren Ofen.*

Wie sehr hatte diese leidende Ehefrau doch die Gesinnung und den Glauben ihres Mannes übernommen, der in seinem eigenen Leiden später ganz ähnliche Worte fand.

In finanzieller Hinsicht glich die Geschichte des Buchfonds in der Anfangszeit – und auch heute noch – der des *Stockwell Waisenhauses* oder des *Pastors' College* (zwei von C. H. Spurgeon gegründete Werke), nur in kleinerem Rahmen. Immer, wenn es benötigt wurde, kam unaufgefordert Geld aus den unerwartetsten Quellen. In der vollen Zuversicht, dass noch mehr Geld folgen würde, wurde es sofort eingesetzt. Ein oder zwei Monate nach dem Eintrag über den brennenden Holzscheit vermerkte Mrs. Spurgeon in ihrem Tagebuch:

> Meine Seele lobt und rühmt die Güte des Herrn und meine Hand berichtet umgehend von der Gnade, die meinen Geist so süß erfrischte wie ausgetrocknetes Land, das nach Regen dürstet. Heute Nachmittag brachte ein treuer und großzügiger Freund 100 Pfund für den Buchfonds. Dies war ein Anlass für inständi-

* Eine Anspielung auf Daniel 3,19: Der Feuerofen, in den Daniels Freunde geworfen werden sollten, wurde siebenmal so heiß wie üblich geheizt.

ge Dankbarkeit und große Freude, da in letzter Zeit – trotz rückläufiger Spenden – jede Woche ungewöhnlich viele Bücher versandt wurden. Doch erst einige Stunden nach Eingang dieser noblen Spende erkannte ich den vollen Umfang der zarten Fürsorge und Liebe des Herrn, der mir diese Hilfe zukommen ließ, als sie am dringendsten benötigt wurde.

Mit der Abendpost kam die vierteljährliche Bücherrechnung, die so hoch war, dass ich mich mit Furcht und Eile dem Kontobuch zuwandte, um den verfügbaren Saldo zu ermitteln. Mit einem Gefühl, welches ich nicht so leicht vergessen werde, sah ich, dass ich ohne die wenige Stunden zuvor eingegangene Spende 60 Pfund Schulden gehabt hätte. Bewahrt nicht die Fürsorge des Vaters den Spatz davor, auf den Boden zu fallen [Mt 10,29]? Dieses ernstzunehmende Spendendefizit hätte mir eine schlaflose Nacht und großen Kummer bereitet, aber die wachsame Liebe des Herrn verhinderte es. »Ehe ich rief, antwortete er mir« [Jes 64,24], und obwohl die Probleme nicht fern waren, sagte er: »Dich erreichen sie nicht« [Ps 91,7]. »Lobe den Herrn, meine Seele, und vergiss nicht, was er dir Gutes getan hat!« [Ps 103,2]. Ich freute mich, als ich in dieser Begebenheit nicht bloßen Zufall oder die Verknüpfung glücklicher Umstände erkannte, sondern die führende und bewahrende Hand des liebenden Herrn, der diesen tröstlichen und erleichternden Weg für mich arrangiert und angeordnet hatte. »Ich bin arm und elend, der Herr aber sorgt für mich« [Ps 40,18]. Eine neue Offenbarung seiner wunderbaren Liebe schien meiner Seele diesen rechtzeitigen Segen gewährt zu haben, und ein Scheck wurde zum äußeren und sichtbaren Zeichen innerer, geistlicher Gnade.

Ich eilte zu meinem lieben Mann, um meine Freude mit ihm zu teilen, und er hörte der wunderbaren Geschichte der Gnade und Macht seines Meisters bereitwillig zu. Nachdem er Gott um meinetwillen gelobt hatte, schrieb er folgenden Brief an den Freund, durch dessen großzügige Hand unser gnädiger Gott diese bedeutende Gabe gesandt hatte:

»Lieber Freund, ich möchte dich wissen lassen, warum du heute Nachmittag hierher gesandt wurdest und welch ein Engel der Gnade du für meine liebe Frau und auch für mich warst. Der Herr segne dich. Kurz nachdem du weg warst, bekam meine Frau die Quartalsrechnung über 340 Pfund für ihre Bücher und sie hatte nur noch 280 Pfund – ohne deinen Scheck. Die Arme! Noch nie hatte sie mehr Geld ausgegeben, als vorhanden war, und wenn du nicht gekommen wärst, fürchte ich, hätten sie die 60 Pfund Schulden erdrückt. Wie gut, dass der Herr dich gerade noch rechtzeitig schickte! Wir haben gemeinsam Gott gelobt und in großer Dankbarkeit für dich gebetet. Gott segne dich und gebe auch dir nach deinen Bedürfnissen. Dies musste ich dir mitteilen; es ist eine dieser herausragenden Erfahrungen, die, wenn wir uns an sie erinnern, dazu beitragen, zukünftige Prüfungen im Glauben zu bestehen. Gott segne dich. Herzlichst, dein C. H. Spurgeon.«

Exakt eine Woche nach diesem Tagebucheintrag finden wir einen ähnlichen Eintrag:

> Heute 20 Pfund von einem neuen Spender erhalten! Mein Herz flüsterte: »Nachsichtiger Gott, wie gütig!« Zu Beginn dieser Woche zögerte ich noch, die übliche Menge Bücher zu bestellen, da ich nicht genug Geld hatte, um das Lager zu füllen. Aber ich wagte es, und siehe, der Herr schenkte mir alles, was ich gegenwärtig benötigte, und gleichzeitig die feste Zusicherung an sein Kind, dass die, »die auf ihn vertrauen, niemals zuschanden werden.«

Von nun an erhielt sie beträchtliche Summen. Spenden in Höhe von 25 oder 50 Pfund von Einzelpersonen waren nicht ungewöhnlich. Und aus den Verkaufserlösen seines Buches *Silver Wedding Testimonials* (»Ansprachen zu Silberhochzeiten«) überreichte die Tabernacle-Gemeinde C.H. Spurgeon 100 Pfund für den Buchfonds und 100 weitere Pfund für den Hilfsfonds für Pastoren. Natürlich gab es auch Enttäuschungen, aber jede Prüfung stärkte den Glauben nur. Nach dem Verlust eines erwarteten Nachlasses von 200 Pfund schrieb Mrs. Spurgeon:

> Die Erbschaft von 200 Pfund einer sehr alten und lieben Freundin wurde null und nichtig aufgrund rechtlicher Formfehler in ihrem Testament. Obwohl das Andenken der lieben Verstorbenen unveräußerlich ist, erhielt ich die großartige Hilfe für mein geliebtes Werk nicht, mit der sie meinen Kummer über ihren Tod ein wenig zu lindern gedachte und den Verlust ihrer beständigen Hilfe in gewissem Maße auszugleichen versuchte. Ich bemühe mich, meine Enttäuschung und meinen Kum-

mer gemeinsam mit dem des Vorsitzenden des Pastors' College zu tragen, der in ähnlicher Weise einen noch weitaus schwereren Verlust hinnehmen musste.

Da das erwartete Vermögen ausblieb, fühlte ich mich anfangs etwas niedergeschlagen, wurde aber durch das Wissen aufgerichtet und getröstet, dass der Herr mir viel mehr als das geben kann. Dies lässt alles Murren in mir verstummen und ermöglicht mir, mich nicht auf menschliche Hilfe zu verlassen, sondern wieder auf den Herrn zu schauen, der all meine Bedürfnisse stillt. Vielleicht brauchte ich eine solche Lektion und sollte sie gut lernen. Möglicherweise war ich auch zu begeistert von der bevorstehenden Erbschaft und zählte bereits mein Vermögen mit fleischlichem Stolz, vermischt mit dem gehörigen Dank. Sicher ist, dass ich zum Jahresende mit einer großen Gesamtsumme rechnete, die alle früheren Beträge in den Schatten stellte. Vielleicht sah der Herr, dass es nicht gut für mich war und so viele irdische Schätze meine beständige Abhängigkeit von Gott, an der ich mich erfreuen sollte, gestört und gefährdet hätten. Wahrscheinlich sollte ich aus diesem bedauerlichen Vorfall auch lernen, ihn demütiger und inniger anzubeten und zu loben für seinen großen und unveränderlichen Willen, denn »seine Wege sind nicht unsere Wege« [nach Jes 55,8].

Nachdem Mrs. Spurgeon im Jahr 1879 wieder einigermaßen genesen war, wurde ihr Mann krank. Er musste nach Südfrankreich reisen, von wo aus er seiner besorgten Frau regelmäßig Neuigkeiten über seinen Gesundheitszustand telegrafierte. Die Arbeit des Buchfonds hielt sie davon ab, über ihren Kummer nachzugrübeln. Im Dezember schreibt sie in ihr Tagebuch:

> Gepriesen sei Gott! Die Neuigkeiten sind besser! Die Telegramme haben aufgehört und jetzt kommen Briefe, geschrieben mit der unsicheren Schrift vor Gicht schmerzender Hände, aber unaussprechlich kostbar. In dieser schwierigen Zeit war harte Arbeit die richtige Ablenkung für mich, denn die Dringlichkeit der täglichen Korrespondenz erlaubt keine Vertiefung in den Kummer, und die Führung des Buchfonds kennt keine Pause, so lange mir der Herr so viele Anfragen von Bedürftigen schickt.

Die Buchgeschenke waren nicht auf arme Prediger in Großbritannien beschränkt, obwohl natürlich die meisten Pakete in der Heimat blieben. Auch vielen Missionaren wurde geholfen ebenso wie englischen Predigern in Westindien, Afrika und anderswo. Im Juni 1879 kam der Bischof von Sierra Leone, Dr. Cheetham, der von Mrs. Spurgeons guter Arbeit gehört hatte, zu Besuch ins Helensburgh House und bat um *Die Schatzkammer Davids* für einen seiner farbigen Pastoren. Bereitwillig versprach Mrs. Spurgeon ihm, diese und noch einige andere Bücher zu senden. Bevor der Bischof ging, schrieb er seinen Namen als Spender für den Fonds ein. In Jamaika wurden die Buchgeschenke sowohl von den englischen Missionaren als auch von den einheimischen Pastoren sehr geschätzt.

Beständiger Erfolg des Buchfonds

Um die Geschichte des Buchfonds zu dokumentieren, reichen diese Seiten nicht aus. Wer sich die Entwicklung über die Jahre genauer ansehen möchte, findet mehr in Mrs. Spurgeons Büchern *Ten Years of My Life in the Service of the Book Fund* (Zehn Jahre meines Lebens im Dienst für den Buchfonds) und *Ten Years After* (Zehn Jahre später). Dass das Werk wuchs, gedieh und sich entwickelte, wird durch ein Vergleich der Statistiken deutlich. Im Jahr 1881 lag die Zahl der verteilten Bücher bei 7.298 und von C.H. Spurgeon wurden 10.517 einzelne Predigten versandt. 1883 stieg die Zahl der Bücher auf 8.649. Im darauf folgenden Jahr waren es 9.149 Bücher und 11.981 Predigten. Drei Jahre später wurden 10.311 Bücher und 21.227 Predigten versandt.

In den folgenden Jahren variierte die Stückzahl entsprechend der zur Verfügung stehenden finanziellen Mittel sowie aufgrund der zunehmenden Gebrechlichkeit von Mrs. Spurgeon. Aus dem letzten von ihr verfassten Bericht für die Jahre 1901/02 ist ersichtlich, dass während dieser beiden Jahre 10.113 Bücher versandt wurden, und in den 27 Jahren des Bestehens des Buchfonds insgesamt 199.315 theologisch wertvolle Bücher an bedürftige Pastoren, Prediger und Missionare gingen. Das ist wirklich eine erstaunliche Leistung für eine kranke Frau, und es dürfte schwer sein, etwas Vergleichbares zu finden.

Die gesamte Arbeit, die der Buchfonds und seine Unterorganisationen mit sich brachten, erledigte Mrs. Spurgeon persönlich. Die durchschnittliche Anzahl der monatlichen Briefeingänge von ca. 500 Stück gibt uns eine ungefähre Vorstellung allein vom Umfang der Korrespondenz. Zwei Mal lag die monatliche Zahl mit 657 bzw. 755 deutlich darüber. Und die Arbeit bestand nicht nur aus »angenehmen Früchten und Blüten«, denn, wie Mrs. Spurgeon uns über den Zitronenbaum erzählte, wuchsen an ihm einige stachelige Dornen, und auch in Bezug auf den Buchfonds gab es einige verborgene Dornen, die die Hand verletzten, die sie versehentlich berührte. Einige Pastoren, deren Verhalten zeigte, dass sie die Absicht des Buchfonds gründlich missverstanden oder deren Charakter nicht ihrem Amt entsprach, forderten die Bücher geradezu ein, während andere die Bedingungen für den Versand ignorierten und hochmütig die Auskunft verweigerten, ob ihr Einkommen unter der festgesetzten jährlichen Grenze von 150 Pfund lag. Ein Mann, der um Unterstützung bat, ohne etwas über seine finanziellen Umstände mitzuteilen, antwortete verärgert auf eine freundliche Anfrage hinsichtlich seines Einkommens: »Erlauben sie mir zu sagen, dass ich nicht als Almosenempfänger angesehen werden möchte.« Mrs. Spurgeon schrieb über diesen Vorfall:

> Seit der Herr mir diese Verantwortung übertragen hat, habe ich versucht, seinen Dienern freundlich zu dienen, aber gelegentlich wird der Sinn dieses Dienstes von ihnen übersehen und die Geschenke werden eingefordert oder als Almosen verachtet. Diese hässlichen Dornen

> sind dünn gesät an meinem schönen Baum. Liebevolle Anerkennung der Arbeit ist die Regel und Ausnahmen kann ich leicht vergeben und vergessen. Müsste ein Chronist nicht ausgewogen sein und beide Seiten der Geschichte festhalten, so hätte ich diesen schmerzlichen Teil der ansonsten erfreulichen und gesegneten Arbeit weggelassen.

In der Tat ist es wunderbar, dass Mrs. Spurgeon den Buchfonds trotz ihrer häufigen Krankheitsphasen in so ausgezeichnetem Zustand weiterführen konnte. Immer wieder wurde sie außer Gefecht gesetzt, und selbst wenn sie auf dem Weg der Besserung war, konnte nur eine Frau, die ihr ganzes Leben in den Dienst des Herrn gestellt hatte, den psychischen und körperlichen Belastungen eines solch großen Werkes standhalten. Im Vorwort von *Ten Years of My Life*, dessen beträchtlicher Gewinn dank der Großzügigkeit der Autorin und der Verleger dem Buchfonds zukam, schrieb Charles Spurgeon:

> Ich danke unserem himmlischen Vater für seine Güte, mit welcher er meine geliebte Frau zu einem Dienst geführt hat, der für sie unaussprechliches Glück bedeutet. Dass er ihr mehr Schmerzen bereitete, als offenzulegen angemessen wäre, ist absolut wahr, doch dass er ihr grenzenlose Freude brachte, ist ebenso sicher. Unser gnädiger Herr hat sich um sein krankes Kind gekümmert, als er ihr die Aufgabe übertrug, sich der Not seiner Diener anzunehmen. Dadurch hielt er sie von ihrem eigenen Kummer fern, gab ihrem Leben Sinn und

> Erfüllung, brachte sie in eine enge Gemeinschaft mit sich selbst und zog sie näher zu dem Ort, an dem nicht mehr irdische Freuden und Sorgen herrschen. Möge jeder Gläubige dies als schlussfolgernde Erfahrung betrachten, dass aufopferungsvolle Arbeit für den Herrn Jesus das beste Gegenmittel für die meisten menschlichen Leiden ist.

Der Schreiber sagte allerdings weiter, dass es die zunehmende Gebrechlichkeit seiner Frau nicht zulasse, die derzeit anfallende Arbeit im gleichen Maße fortzusetzen.

> Ab diesem Zeitpunkt fühlt die geliebte Arbeiterin, dass sie zurückstecken muss. Die Arbeit überwältigt sie, der Wagen hat das Pferd überrollt. Ein Teil des Dienstes muss in andere Hände gegeben werden, denn mit großem Bedauern habe ich festgestellt, dass der enorme Druck sie sehr schwächt. Es ist nicht möglich, über einen längeren Zeitraum jeden Morgen mit der Furcht vor den sich stapelnden Briefen aufzuwachen, kaum Pausen machen zu können und nur Briefe zu schreiben und die Buchhaltung zu erledigen, und spät am Abend mit einem Seufzer ins Bett zu fallen, dass der letzte Strich gerade noch vor dem Schließen der Augen geschafft wurde. Wie tapfer eine Kranke auch sein mag, wird die Liebe es nicht unentwegt zulassen, dass eine solch unablässige Mühe einen willigen Geist zugrunde richtet. Als die Verkörperung liebevoller Umsicht fühle ich, dass ich dringend Einspruch gegen die Fortsetzung der Arbeit im gegenwärtigen Umfang einlegen muss.

Doch obwohl die Arbeit etwas abnahm, tat Mrs. Spurgeon weiterhin ihren Dienst. Mit einer einzigen Ausnahme im Jahr 1888 führte sie den Buchfonds bis an ihr Lebensende. Damals erkrankte sie so ernstlich, dass die schweren körperlichen Leiden sie an der Fortführung ihrer Arbeit hinderten.

Das gleichbleibend hohe Arbeitsaufkommen beanspruchte ihre Energien oft bis an die Grenzen, aber dennoch erledigte sie ihre Aufgaben gut. Beim Versand der Bücher wurde kein Unterschied zwischen den verschiedenen Kirchen und Bekenntnissen gemacht. Zu den 25.000 oder mehr Pastoren, die bis heute vom Buchfonds profitierten, zählen Pastoren der Kirche Englands, der Baptisten, Kongregationalisten, verschiedener methodistischer Vereinigungen, Presbyterianer, der Mährischen Kirche, der Gesellschaft der Freunde (Quäker), Unitarier, Irvingiten, Waldenser, Nestorianer, Plymouth Brüder, Lutheraner und der Morrisonianer – und zusätzlich noch eine große Zahl von Evangelisten und Missionaren.

In den Anfangstagen des Fonds bereitete es Mrs. Spurgeon stets Kummer, wenn sie nicht alle Anfragen von armen örtlichen Predigern erfüllen konnte, da die der vollzeitlichen Pastoren bereits ihren Büchervorrat überstieg. Diese Tatsache erwähnte sie in ihrem Jahresbericht von 1887 und fügte nach einem Zitat aus einem Brief hinzu: »Dies ist ein echter Hilferuf. Bewegt er nicht das Herz einer Person, die helfen kann?« Und tatsächlich bewegte er das Herz eines willigen Arbeiters, Mr. Sydney S. Bagster von der Conference Hall am Mildmay Park, der einen Buchhilfsfonds (Auxiliary Book Fund) zur kostenlosen

Verteilung von theologischen Büchern an Laienprediger organisierte. Der Paketversand begann am 1. Mai 1888 und gegen Ende des Jahres hatten 126 Prediger bereits 1.142 Bücher erhalten. Mr. Bagster führte das Werk bis 1891 fort und übergab es dann Mrs. Spurgeon, für die es zu einem Teil ihrer regelmäßigen Heimarbeit wurde. Bis heute wurden jährlich etwa 1.600 Bücher an arme örtliche Prediger verteilt.

Jahr für Jahr stieg die Anzahl der Bücher und somit auch die Arbeit für die Gründerin des Buchfonds. Die Verteilung von *Schwert und Kelle* nahm ebenfalls große Ausmaße an. Viele tausend Predigten und andere Schriften von C. H. Spurgeon wurden jedes Jahr an Pastoren im In- und Ausland versandt. Außerdem gab es lange Zeit einen Fonds für einen allgemeinen Verwendungszweck im Werk des Herrn, der die Ausgaben für Übersetzungen in fremde Sprachen und deren Veröffentlichung trug. Zudem half er Pastoren und Notleidenden, verschuldeten Gemeinden und verschiedenen Missionsgesellschaften, die finanzielle Unterstützung benötigten.

Der Hilfsfonds für Pastoren wurde zur festen Einrichtung und Mrs. Spurgeon konnte durchschnittlich über 300 Pfund im Jahr an Pastoren und ihre Familien vergeben, die nicht genug zum Leben hatten. Die Verteilung von Mützen, Schals und anderen Kleidungsstücken war eine weitere wichtige Aufgabe und Hilfeleistung des Buchfonds. Bis zum Schluss betrachtete Mrs. Spurgeon ihren Zitronenbaum liebevoll als bemerkenswertes Symbol ihrer Arbeit. Am Ende ihres Buches *Ten Years After* schrieb sie:

Der große Stamm ist bildlich gesehen der Buchfonds, aus dem alle Zweige herauswachsen und mit welchem sie weiterhin verbunden sind. Der aus dem Hauptstamm sprossende größte Ast kann sich an Stärke und Nützlichkeit mit ihm messen. Er stellt den Hilfsfonds für Pastoren dar. Dieser wiederum hat den weitläufigen Zweig hervorgebracht, von dem aus die gut gefüllten Pakete der *Westwood Clothing Society* (Westwood-Bekleidungs-Gesellschaft) in viele bedürftige Pastorenfamilien gebracht wurden. Durch das dichte Laubwerk sehe ich einen kräftigen Ast mit der Aufschrift *Home Distribution of Sermons* (Verteilung von Predigten in die Häuser), sowie einen ebenso stabilen Spross namens *The Circulation of the Sermons Abroad* (Predigtverteilung ins Ausland), während ich auf den obersten Zweigen eindeutig die Worte *Foreign Translations of Sermons* (Predigtübersetzungen in Fremdsprachen) lesen kann, die sich respektvoll mit den älteren Ästen zu messen versprechen. Für mich ist ihr schnelles Wachstum beglückend, denn ihre Blätter enthalten so viel notwendiges Öl vom Baum des Lebens, dass sie buchstäblich zur Heilung der Nationen beitragen [nach Offb 22,2].

Ein weiterer Trieb des Zitronenbaumes, der eine Weile matt herunterhing, jetzt aber ebenso aufblüht wie die anderen, symbolisiert den *Auxiliary Book Fund* (Buchhilfsfonds). Ein anderer erinnert mich an die Verbreitung von *Schwert und Kelle*, und die Zweige und Blätter der dickeren Äste symbolisieren die vielen Tausend vom Fonds verteilten Traktate und Schriften.

Die ganzen Jahre über war Mrs. Spurgeon selbst eine großzügige Spenderin des Buchfonds. Ihr persönlicher Dienst wurde durch ihre finanziellen Gaben weit mehr ergänzt als allgemein angenommen. In ihrem Testament wurde der Fonds großzügig bedacht.

Die letzten Ehejahre

1880 zogen Charles und Susannah Spurgeon von der Nightingale Lane in Clapham nach »Westwood«, Beulah Hill in Norwood – ihr letztes Zuhause auf Erden. Die bemerkenswerten Umstände in Bezug auf den Verkauf des alten und den Erwerb des neuen Hauses wurden in *The Live of Charles Haddon Spurgeon* (»Das Leben von Charles Haddon Spurgeon«) ausführlich behandelt und sollen an dieser Stelle nicht wiederholt werden.* Das neue Haus war eine große Verbesserung gegenüber dem alten. Es lag nicht nur weiter entfernt vom Rauch und Lärm Londons, die Zimmer waren auch geräumiger und zweckmäßiger als im Helensburgh House, und das Grundstück umfasste fast vier Hektar. Der Umzug war eine Zeit voller Unannehmlichkeiten, auch wenn es Mrs. Spurgeon wesentlich besser ging als lange Zeit zuvor. Sie schrieb in ihr Tagebuch:

> Welche Unruhe dieser Umzug in das ruhige Nest doch mit sich bringt! Wie sehr lernt man, gewohnte Dinge

* Online verfügbar unter http://www.reformedreader.org/rbb/spurgeon/conwell/bos.htm. Der Londoner Bezirk Norwood befindet sich etwas weiter südlich als der vorherige Wohnsitz der Spurgeons. Weil ihr bisheriges Heim aufgrund des wirtschaftlichen Wachstums Londons beträchtlich im Wert gestiegen war, konnten sie sich stattdessen ein schönes Landhaus mit weitläufigem Grundstück kaufen, das sie »Westwood« nannten. Sie hofften, dass diese Umgebung ihrer Gesundheit zugute käme. Auch in Spurgeons Autobiografie *Alles zur Ehre Gottes* ist Westwood ein ganzes Kapitel gewidmet.

liebevoll zu betrachten, von denen man sich für immer trennen muss. Das Herz sehnt sich nach dem Ort, der einem 23 Jahre lang vertraut war und der voll von glücklichen und einzigartigen Erinnerungen ist. Jede Ecke, jeder Winkel im Haus und im Garten ist verbunden mit schönen oder mit sorgenvollen Gedanken. Die Erinnerung an die vielfältigen Erbarmungen hängen wie ein prächtiger Wandteppich an den Mauern der verlassenen Räume. Nach fast einem Vierteljahrhundert glücklichen Ehelebens war uns dieses Haus – trotz unserer schweren körperlichen Leiden und monatelanger Schwachheit – meist mehr ein »Bethel« [»Haus Gottes«, 1Mo 28,17-19] als ein »Bochim« [»die Weinenden«, Richter 2,1-5] gewesen.

Die Mauern hätten uns als undankbar bezeichnen können, hätten wir sie nicht mit unseren unaufhörlichen Dankgebeten zum Schweigen gebracht, denn der Herr hat uns reich beschenkt und jeden Zentimeter mit dem Zeichen seiner großen Freundlichkeit geheiligt. Die Sonne seiner Güte hat jeden Teil unseres geliebten Heims auf unseren Herzen abgebildet. Auch wenn dort zukünftig andere Lichter und Schatten wohnen werden, können sie niemals die glücklichen Bilder auslöschen, die eine dankbare Erinnerung sorgfältig bewahren wird. Das Krankenzimmer: Oft war es für uns »die Pforte des Himmels« [1Mo 27,17] und liebevolle Erinnerung macht es unvergessen. Das kleine Zimmer: so passend eingerichtet von der fürsorglichen Liebe eines Ehemannes und häufig Ort einer kaum erhofften Genesung. Das Arbeitszimmer: der ernsten Arbeit des

> Pastors geweiht und stiller Zeuge der Kämpfe und Unterredungen, die nur Gott und er selbst kannten. Die Bibliothek: Ihre Regale erduldeten gerne die ständige Plünderung und Erneuerung zugunsten der gesegneten Arbeit des Buchfonds. Es ist schwer, diese freundliche Umgebung zu verlassen und im Haus eines Fremden zu wohnen. Aber wir glauben, dass sich die Wolkensäule bewegt und die Stimme unseres Führers uns zum Weitergehen aufgefordert hat. So brechen wir unser Zelt in vertrauensvollem Gehorsam ab und machen uns bereit, an den Ort zu gehen, den er uns gezeigt hat. Und unser neues Zuhause wird uns ein »Tabor« sein, wenn nur unser Herr dort mit uns wohnt.

Nach dem Umzug freute sich Mrs. Spurgeon über das neue Zuhause. Sie schreibt:

> Trotz des Durcheinanders und der Schwierigkeiten durch den schmerzvollen Umzugsprozess waren unsere ersten zwei Wochen in Beulah Hill eine Zeit großer und ungewohnter Freude. In dieser mit einzigartiger Gesundheit und Stärke gesegneten Zeit besuchten die neuen Besitzer gemeinsam Orte, die sie in ihrem kleinen Reich interessierten, und machten jeden Tag erfreuliche Entdeckungen. Hier folgten sie einem gewundenen Gartenpfad, ohne zu wissen, wohin er führt; dort staunten sie mit wachsender Bewunderung über die herrliche Sicht auf Himmel und Erde, immer mit dem Anflug von Hochgefühl und Erfrischung die klare Luft einatmend und beständig innehaltend, um über die Güte Gottes zu

> staunen, der ihnen dieses Erbe gegeben hatte. Es schien fast wie ein neues Leben und als wären Schmerzen und Krankheit für immer im Tal zurück gelassen … Diese hellen Tage und Stunden währen wohlmöglich nicht lange, sind aber in der Gegenwart ein kostbarer Besitz und hinterlassen glückliche Erinnerungen.

Wie in ihren bisherigen Häusern arbeitete das Ehepaar am Samstag gemeinsam an der Predigt für den nächsten Morgen. Dies waren glückliche Augenblicke. Wenn sich der Prediger gelegentlich nicht für einen Text entscheiden konnte, sagte er: »Frau, was soll ich tun? Gott hat mir noch keinen Text gezeigt.« Und Mrs. Spurgeon tröstete ihn so gut sie konnte. Vielleicht konnte sie ihm eine passende Stelle vorschlagen. In diesem Fall musste er ihr nach der Predigt die Ehre zugestehen, indem er sagte: »Du hast mir die Stelle gegeben.« Wenn er sie an diesen Samstagabenden in sein Arbeitszimmer bat, wurde immer ein Sessel neben seinen Schreibtisch gezogen und sie sollte ihm nach seinen Anweisungen aus einem Stapel Bücher vorlesen.

> Mit diesen alten Büchern um ihn herum glich er einer Honigbiene inmitten von Blumen. Er schien genau zu wissen, welchem unscheinbar anmutenden Wälzer er die süßeste Beute entlocken konnte. Er war mit ihnen so sehr vertraut, dass er augenblicklich jeden Autor herausgreifen konnte, der sich mit der Schriftstelle befasst hatte, mit der er sich gerade beschäftigte. Und ich lernte auf diese Weise viele Puritaner und andere Theologen kennen, von denen ich sonst wohl nie gehört hätte.

Der Umzug nach Norwood sollte C.H. Spurgeons Gesundheit zu Gute kommen und die jährlichen Winteraufenthalte in Menton* überflüssig machen. Doch das war nicht der Fall. Seine Schmerzen hielten an und die bedauerlichen Trennungen des Ehepaars gingen Jahr für Jahr weiter. Er dachte an sie in dem einsamen Haus in England und sie fürchtete um ihren Geliebten an der französischen Riviera, dessen Qual durch die Gicht oft unerträglich war. Doch selbst dann waren die Briefe an seine Frau voller Humor, um sie aufzumuntern und die Situation so gut wie möglich erscheinen zu lassen. »Ich fühle mich, als würde ich aus einem Vulkan auftauchen«, schrieb er einmal, als sich sein Zustand besserte, und zeichnete einen Berg, aus dessen Krater sich sein Kopf und seine Schultern erhoben.

Mit der Zeit verlängerten sich die Krankheitsphasen des Predigers und die Schmerzen nahmen zu. Im November 1890 fuhr er voller Hoffnung nach Menton und schrieb Susannah bei seiner Ankunft:

> Welch himmlischer Sonnenschein! Es ist wie eine andere Welt. Ich kann es nicht glauben, auf demselben Planeten zu sein. Möge Gott mich dadurch wieder gesund machen! Es sind nur drei weitere Gäste im Hotel, noch genügend Platz für dich.

* Ort an der französischen Mittelmeerküste direkt an der Grenze zu Italien. Die Gegend wird im englischen Sprachraum als »französische Riviera« bezeichnet. Der Name *Côte d'Azur* (»azurblaue Küste«) für diesen Küstenlandstrich geht auf einen Buchtitel aus gerade dieser Zeit, 1887, zurück: *La Côte d'Azur* von Stéphen Liégeard.

Am nächsten Tag befiel die schreckliche Gicht die rechte Hand und den Arm, aber selbst da schrieb er:

> Der Tag ist wie im Paradies vor dem Sündenfall. Wenn es meinem Kopf wieder besser geht, werde ich ihn genießen. Ich habe Kölnisch Wasser auf meine glühende Stirn getupft, und da ich nichts weiter zu tun habe, als diese vollkommene Landschaft zu betrachten, geht es mir nicht allzu schlecht.

Der Gichtanfall verstärkte sich und er konnte acht Tage keine Briefe schreiben, ließ Mrs. Spurgeon aber durch seinen Privatsekretär eine Nachricht übermitteln:

> Sag ihr, ich liebe sie. Es geht mir sehr schlecht und ich wünschte, bei ihr zu sein, um mich von ihr pflegen zu lassen. Doch da dies nicht der Fall ist, wird mir schon irgendwie geholfen.

Dann kam ein beinahe unleserlicher Brief, dessen Entzifferung große Schwierigkeiten bereitete:

> Geliebte, die rechte Hand zu verlieren ist so, als wäre man stumm. Bis auf nachts geht es mir besser. Ich könnte dich nicht mehr lieben, Schatz. Ich wünschte, ich wäre Zuhause, wenn die Schmerzen kommen, aber wenn es ganz schlimm ist, hilft die klare Luft. Es ist wie an der Pforte des Himmels. Alles ist gut. Jetzt habe ich ein oder zwei Zeilen hingestottert, bin also nicht ganz sprachlos. Gepriesen sei der Herr! Er ist ein guter Herr!

> Ich lobe ihn trotz allem. Schlaflosigkeit kann die Nacht nicht so bitter werden lassen, dass ich mich in seiner Nähe fürchten würde.

Unterschrieben war der Brief mit: »Dein geliebter Benjaminiter«, ein humorvoller Hinweis auf die Tatsache, dass er den Brief mit der linken Hand geschrieben hatte [vgl. Ri 3,15; 20,16]. Die Besserung verlief schleppend und Ausdrücke wie: »O, wärst du doch hier!«, zeigen deutlich, wie sehr er sich nach seiner Frau sehnte. Am 8. Dezember schrieb er ihr: »Heute habe ich mich selbst angezogen«, und schloss mit den Worten: »Du schreibst so lieb. Deine Handschrift vertont alles, was du schreibst. Es ist wie Musik für mich. Gott segne dich! Aber du schreibst nicht, wie es dir geht. Wenn du es mir nicht sagst, schreibe ich dir jeden Tag.«

Mrs. Spurgeon hatte liebevoll versucht, ihre eigene Schwachheit zu verbergen, um ihn nicht noch mehr zu beunruhigen. Als der Winter in England sehr kalt war, schrieb er:

> Mein armer Liebling, diese Kälte! Der Herr wird die Gebete bald erhören und euch den warmen Südwind senden. Dann wird es auch mir wieder gut gehen, und ich werde Spaziergänge unternehmen und seinen Namen preisen. Ich wünschte, mir fiele etwas ein, um einen Sonnenstrahl über Westwood zu werfen. Wäre meine Liebe Licht, würdest du im Sonnenschein leben. Morgen werde ich dir ein paar Rosen schicken, die bessere Tage prophezeien.

Einige Tage später schrieb er: »Ich bete weiter um eine Wetteränderung für dich und die Armen und Kranken. Ich wünschte, ich könnte dir das leidenschaftliche Feuer meines Herzens senden.«

So klang der Schriftwechsel des hingegebenen Paares in den letzten Tagen ihres gemeinsamen Lebens. Obwohl Mrs. Spurgeons Briefe nicht vorliegen, kann man aus den Bezugnahmen in den Antwortschreiben ihres Mannes erkennen, dass sie von ähnlich liebevoller Art waren.

Weihnachten hatte der Prediger große Schmerzen, was ihn aber nicht davon abhielt, »sich mit Büchern und Briefen zu befassen.«

An Neujahr 1891 schrieb er:

> Ein gutes Neues Jahr für dich, meine Liebste und Beste! Ich würde es in den größtmöglichen Buchstaben schreiben, wenn dadurch erkennbar würde, wie sehr ich dir ein glückliches Jahr wünsche … Ich habe eine Fahrt im prächtigen Sonnenschein unternommen. Wenn du nur bei mir hättest sein können! Ich habe gerade deinen überaus lieben Brief gelesen. Meine Herzallerliebste, wie sehr wünschte ich, das Wetter bei dir ändern zu können! Ich kann nur beten, aber Gebet bewegt die Hand, die Wind und Wolken lenkt. Möge der Herr selbst dich trösten und dich durch alle Schwierigkeiten tragen; seine Gegenwart gleicht das Fehlen von Gesundheit, Wärme und Ehemann aus!

An ihrem Geburtstag erhielt Mrs. Spurgeon einen Brief, in dem er ihr schrieb:

Ich bin zuversichtlich, dass du den Brief an deinem Geburtstag erhältst. Ich wünsche dir einen überreichen Segen! … Was für ein unermesslicher Segen warst du bisher für mich und bist es noch. Deine Geduld im Leiden und dein Eifer im Dienst sind Werke des Heiligen Geistes, für die ich Gottes Namen anbete. Deine Liebe zu mir ist nicht ein Ergebnis der Natur, sondern wurde durch die Gnade geheiligt und für mich zum geistlichen Segen gemacht. Mögest du durchgetragen werden, und wenn du schon leiden musst, mögest du wenigstens vor dem Fallen bewahrt werden.

Und obwohl Mrs. Spurgeon selbst schwere Leiden ertragen musste, arbeitete sie die ganze Zeit unermüdlich, um anderen zu helfen. Der Buchfonds und der Hilfsfonds für Pastoren liefen auf Hochtouren. Um den Armen von Thornton Heath (einem Stadtteil von London) zu helfen, die ihre Arbeit verloren hatten und sich nun angesichts des lang anhaltenden Frostes in großer Not befanden, eröffnete sie in Westwood eine Suppenküche und verteilte unentgeltlich Kohlen. Als C. H. Spurgeon davon hörte, schrieb er: »Ich freue mich, dass du den Bedürftigen hilfst. Bitte spende 10 Pfund von mir, halte nichts zurück.«

Am 2. Februar machte sich der Patient, der sich anscheinend besserer Gesundheit erfreute, schließlich auf den Weg nach England und schrieb seiner Frau am selben Morgen noch eine Nachricht, die mit folgenden Worten endete: »Ich danke Gott, dass wir uns wiedersehen dürfen.«

Aber die scheinbare Besserung währte nicht lange. Am Sonntagmorgen des 7. Juni 1891 predigte er zum letzten

Mal im Metropolitan Tabernacle. Unmittelbar danach verschlechterte sich sein Zustand und das Schlimmste war zu befürchten. Mrs. Spurgeon pflegte ihn unermüdlich und die ganze Nation fühlte in dieser schwierigen Zeit mit ihr mit. Mr. Gladstone schrieb:

> Mit traurigem Interesse habe ich in meinem Haus die täglichen Berichte über Mr. Spurgeons Gesundheitszustand verfolgt, und ich kann nicht anders, als ihnen beiden mein tiefstes Mitgefühl auszusprechen. Ich empfinde Bewunderung, nicht nur für seine herausragende Kraft, sondern vielmehr für seinen hingegebenen und unbezwinglichen Charakter. Demütig möchte ich Sie und Ihren Mann für alle Eventualitäten dem unendlichen Reichtum der göttlichen Liebe und Gnade anbefehlen.

Viele weitere angesehene Personen schrieben ebenfalls an Mrs. Spurgeon. Dem Patienten ging es nicht besser und am 26. Oktober fuhr er wieder nach Menton, diesmal in Begleitung seiner Frau und einiger Freunde. Später schloss sich Miss E.H. Thorne, Mrs. Spurgeons Freundin, der Gruppe an und wechselte sich mit Mrs. Spurgeon bei der Krankenpflege ab. Zu Anfang schien ihm die warme, südliche Sonne gut zu tun, aber am 20. Januar setzten ernste Symptome ein, die Mr. Spurgeon ans Bett fesselten, von dem er nicht wieder aufstehen sollte. Nachdem er fünf Tage bewusstlos war, verschied er am 31. Januar 1892 in der Gegenwart seiner Frau und vier enger Freunde.

Wie man sich vorstellen kann, war es ein schrecklicher Verlust für die liebende Frau, aber sie wurde durch das Wissen getröstet, dass sie ihren Ehemann früher oder später an einem Ort wiedersehen würde, an dem es keine Trennungen mehr gibt. Nach dem ersten Schock kniete sich die kleine Gruppe im Sterbezimmer nieder und Mr. Harrald, der Privatsekretär des Predigers, begann zu beten. Danach dankte Mrs. Spurgeon dem Herrn für den kostbaren Schatz, den er ihr so lange überlassen hatte, und bat am Thron der Gnade um Stärke und Führung in der Zukunft. Später telegrafierte sie ihrem Sohn Thomas nach Australien: »Father in Heaven Mother resigned.«* Aus der ganzen Welt erreichten sie Beileidsbekundungen, sogar von unserem gegenwärtigen König und der Königin.†

Der Leichnam wurde schnellstmöglich nach England überführt und Mrs. Spurgeon sandte mit den sterblichen Überresten einige Palmzweige aus Menton, um damit während der Aufbahrung im Tabernacle den Sarg zu dekorieren. Mrs. Spurgeon selbst blieb noch einige Zeit als Gast von Mr. Hanbury in Mentons Nachbarort La Mortola.

> Dort zwischen den Olivenhainen und den von Rosen bedeckten Terrassen lehrte mich der Meister den Wert wahrer Zuneigung, indem er mir seine Worte an seine Jünger ins Gedächtnis rief: »Wenn ihr mich liebtet, so würdet ihr euch freuen, dass ich zum Vater gehe.« Auf

* Auf Deutsch etwa: »Vater [ist] im Himmel, Mutter [hat ihre Aufgabe] aufgegeben«, wobei »resigned« sowohl »resigniert sein« bedeuten kann als auch »zurücktreten«, »kündigen«, »aufgeben«, »das Amt niederlegen«.

† Es regierte die bedeutende Königin Viktoria (Regierungszeit 1837–1901).

diese Weise gab er mir zu verstehen, dass der Gedanke an das ewige Glück meines Geliebten meinen eigenen egoistischen Kummer überwinden und vertreiben muss.

Mr. Spurgeon verstarb am Sonntag, den 31. Januar 1892, um 11.00 Uhr. Diese Nachricht war am folgenden Montagmorgen als Schlagzeile in den Londoner Tageszeitungen zu lesen. Nach dem französischen Gesetz musste der Leichnam vierundzwanzig Stunden im Hotel bleiben. In der Scottish Presbyterian Church in Menton wurde ein Gottesdienst abgehalten. Die vielen Beileidsbekundungen aus aller Welt blockierten die Telefonleitungen. Der Leichnam wurde mit dem Schiff nach London überführt und im Tagesraum des Pastor's College aufgebahrt. 50.000 Menschen zogen daran vorbei. Fünf Trauergottesdienste waren im Tabernacle geplant, vier davon am Mittwoch, dem 10. Februar. Der erste für alle Gemeindeglieder, der zweite für Pastoren und Studenten, der dritte für »christliche Mitarbeiter« und der vierte für die Öffentlichkeit. Der fünfte fand am nächsten Morgen statt, bevor der Leichnam zum Friedhof von Norwood gebracht wurde. Hunderttausende säumten den Weg dorthin. Am Waisenhaus wurde eine Bühne errichtet, auf der die Kinder singen sollten, während der Leichnam vorüberzog, aber sie konnten nur weinen. Um das Grab wurde eine Absperrung errichtet, innerhalb der sich 1.000 Trauergäste versammelt hatten, mehrere Tausend drängten sich dahinter. Die letzten Worte wurden von Archibald Brown gesprochen, einem Absolventen des College. Weitere Beteiligte am Gottesdienst waren: Dr. A. T. Pierson, Dr. Alexander MacLann, Dr. F. B. Meyer und Ira D. Sankey, der berühmte Musiker von D. L. Moody, der Versammlungen in Schottland hielt und selbst nicht anwesend sein konnte. Nach 57 Lebensjahren, 40 Jahren Predigtdienst sowie 14.692 Taufen von Mitgliedern des Tabernacle verstummte diese »silberne Glocke«.

Witwenschaft

Mrs. Spurgeons Witwenschaft dauerte nahezu zwölf Jahre und in gewisser Weise muss ihr Leben nach 1892 recht einsam gewesen sein – trotz der Nähe ihrer beiden Söhne, die sie trösteten und aufmunterten, und trotz der vielen Freunde ihres verstorbenen Mannes, die stets bereit waren, ihr jeden Wunsch zu erfüllen. Ihr Kummer nahm sie aber nicht so gefangen, dass sie zu nützlicher und überlegter Arbeit nicht mehr imstande gewesen wäre. Berücksichtigt man ihr fortgeschrittenes Alter und ihre Gebrechlichkeit, gehörten ihre letzten Jahre sogar zu den geschäftigsten. Die Arbeit des Buchfonds ließ nicht nach und der Hilfsfonds für Pastoren war stets bereit, bedürftigen Pastoren in finanziellen Nöten zu helfen; auch alle anderen Zweige der ursprünglichen Organisation wurden florierend weitergeführt. Einen Großteil der Zeit widmete Mrs. Spurgeon der literarischen Arbeit, ihr Hauptwerk war natürlich *C. H. Spurgeons Autobiographie, verfasst aus seinen Tagebüchern, Briefen und Aufzeichnungen*. Dabei wurde sie von Mr. Harrald unterstützt. Bekanntermaßen ist es ein monumentales, vierbändiges Werk, an dem Mrs. Spurgeon mehrere Jahre arbeitete.* Dazu hat sie die gesamte Korrespondenz sowie alle Predigten und Bücher ih-

* Die gekürzte deutsche Ausgabe ist unter dem Titel *Alles zur Ehre Gottes* erhältlich.

res Mannes sorgfältig gesichtet, um das Material für die Autobiographie zusammenzustellen.

Mrs. Spurgeon selbst verfasste die Kapitel über das Heim und das Eheleben ihres Mannes. Diese Kapitel verdeutlichen an vielen Stellen ihre große, ständige Sehnsucht, wieder mit ihm verbunden zu sein. An einer Stelle heißt es:

> Ach, mein Mann – die gesegneten irdischen Bande, die wir so begeistert begrüßten, sind nun gelöst und der Tod hält dich vor meinen sterblichen Augen verborgen, aber selbst er kann mich nicht von dir trennen oder die Liebe nehmen, die unsere Herzen so eng miteinander verband. Ich fühle, dass sie lebt und weiter wächst, und ich glaube, sie wird ihre vollkommene und geistliche Entfaltung finden, wenn wir uns in der Ewigkeit wiedersehen und gemeinsam vor dem Thron anbeten!

Das war 1898 und der Vergleich mit einer Passage aus ihrem Bericht des Buchfonds für 1891 zeigt, wie Zeit und Arbeit ihr halfen, sich mit dem Warten auf die ersehnte Wiedervereinigung abzufinden. Sie schrieb:

> O, mein Mann, mein Mann – jeden Augenblick meines jetzt trostlosen Lebens frage ich mich, wie ich ohne dich leben soll! Das Herz, das deine Liebe so viele Jahre lang erfüllt und befriedigt hat, ist nun, da du gegangen bist, leer und leidgeprüft!

Mrs. Spurgeon hatte eine seltene schriftstellerische Begabung und ihr Stil unterschied sich nicht wesentlich von dem ihres Mannes. Auf einen Vorschlag von C. H. Spurgeon hin unterstützte sie ihn, damals noch als Miss Susannah Thompson, bei der Zusammenstellung eines kleinen Buches mit Auszügen aus den Schriften des Puritaners Thomas Brooks. Ihr Geliebter bat sie, »ein antikes, vermodert aussehendes Buch durchzusehen« und alle Abschnitte und Sätze zu markieren, die besonders wertvoll und lehrreich schienen. Mit Furcht und Zittern willigte die junge Frau ein. Das Ergebnis war ein kleines Buch mit dem Titel *Smooth Stones Taken from Ancient Brooks* (»Geschliffene Steine des alten Brooks«). Dieser erste literarische Versuch Mrs. Spurgeons wurde von den Verlegern Passmore und Alabaster Anfang des 20. Jahrhunderts neu aufgelegt. Auf die Bücher *Ten Years of My Life in the Service of the Book Fund* und *Ten Years After* haben wir bereits hingewiesen, aber die vielleicht besten literarischen Arbeiten von Mrs. Spurgeon sind die drei kleinen Bände mit den Titeln: *A Carillon of Bells to Ring out the Old Truths of Free Grace and Dying Love* (»Ein Glockenspiel, das die alten Wahrheiten von der freien Gnade und sterbenden Liebe laut erklingen lässt«), *A Cluster of Camphire, or Words of Cheer and Comfort for Sick and Sorrowful Souls* (»Eine Zypertraube oder Worte der Ermunterung und des Trostes für kranke und bekümmerte Seelen«) und *A Basket of Summer Fruit* (»Ein Korb Sommerfrüchte«). Jeder Band ist auf seine Weise vollkommen. In *A Carillon of Bells* zum Beispiel kann man auf jeder Seite die Glocken klingen hören und in der ganzen christlichen Literatur wird man nur schwer ein wunderbareres Buch oder einen wahrhaftigeren Klang finden als in den einleitenden Worten:

»Er, der doch seinen eigenen Sohn nicht verschont … wie wird er uns mit ihm nicht auch alles schenken?« [Röm 8,32]. Mein Herr, die Finger des Glaubens berühren das Glockenspiel an diesem Morgen und lassen jubelnd deinen herrlichen Namen preisen! »Wie sollte er nicht!« »Wie sollte er nicht!« »Er, der nicht verschonte!« »Wie sollte er nicht!« Welch ein Glockengeläut des vollkommenen Triumphes dies ist! Nicht ein Ton des Zweifels oder der Unsicherheit stört die himmlische Musik. Wache auf mein Herz und erkenne: dein Glaube ist es, der eine solch herrliche Melodie erklingen lässt. Du kannst es vor Freude kaum glauben? Dennoch ist es wahr. Der Herr selbst gibt die Gnade und nimmt das Opfer der Dankbarkeit und des Lobes an, das diese Gnade hervorbringt. Spiele diese Melodie immer wieder, denn heute gibt der Glaube ein Fest und die Freude der Glaubensgewissheit wirkt Wunder. »Er, der nicht verschonte!« »Wie sollte er nicht!« Höre, wie herrlich die wiederholten Verneinungen die Tatsache bestätigen, dass er zu Segnen bereit ist! Diese silbernen Glocken haben wirklich die Macht, alles Böse zu vertreiben.

Zusätzlich zu diesen Büchern verfasste Mrs. Spurgeon eine Anzahl von *Westwood Leaflets* (»Westwood Flugblätter«) über Hingabe und andere Themen. In den letzten Jahren arbeitete sie eifrig an der Zeitschrift *Schwert und Kelle* mit, für die sie bis kurz vor ihrem Tod verantwortlich war. Eine weitere Arbeit, die sie mit großem Interesse und viel Gebet ausübte, war die Auswahl der täglichen Texte für *Spurgeon's Illustrated Almanac* (»Spurgeons illustrierter Almanach«) sowie die Vorbereitung dieser kleinen Broschüre zur Veröffentlichung. Etwa dreißig Jahre lang wählte sie die Bibelstellen aus. Keine leichte Aufgabe, da Jahr für Jahr neue Stellen gefunden werden mussten, die zwei entscheidende Kriterien erfüllten: Ohne sie durch das Herausnehmen aus ihrem Kontext zu verfremden, mussten sie sowohl kurz als auch hilfreich sein.

Auch andere Arbeiten erledigte Mrs. Spurgeon mit gewohntem Eifer. Als Westwood 1895 beispielsweise neu tapeziert werden musste, ging sie vorübergehend nach Bexhill (an der Südküste Englands). Nachdem sie dort keine Baptistengemeinde fand, begann sie, für die Entstehung einer solchen zu beten und zu arbeiten. Das erste Ergebnis ihrer Bemühungen war die Eröffnung einer Schulkapelle und 1897 legte sie selbst den Grundstein für ein Gemeindehaus »zur Ehre Gottes und zum fortwährenden Gedenken an das untadelige Leben ihres geliebten Mannes, seinen 40-jährigen Dienst und die anhaltende Verkündigung des Evangeliums durch seine veröffentlichten Predigten.« Im darauffolgenden Jahr wurde die Kapelle ohne Schulden eröffnet.

Als 1899 die Spenden für den Bau des heutigen Metropolitan Tabernacle gesammelt wurden, der den alten ersetzen sollte,* beteiligte sich Mrs. Spurgeon nicht nur großzügig am Fonds für den Wiederaufbau, sondern

* 1898, während des Pastorats von Thomas Spurgeon, brannte der alte Metropolitan Tabernacle ab und wurde 1899 wieder aufgebaut. Im Zweiten Weltkrieg wurde der Tabernacle durch deutsche Bombardierung abermals zerstört. Beide Male blieb aber das klassizistische Portal erhalten, das auch das heutige, etwas kleinere Metropolitan Tabernacle prägt.

veranstaltete an einem bestimmten Tag, dem 8. Februar, einen Empfang im Untergeschoss des Tabernacle und erhielt von den Anwesenden etwa 6.367 Pfund für den Fonds.

Im Sommer 1903 hatte Mrs. Spurgeon eine schwere Lungenentzündung, die sie ans Bett fesselte und von der sie sich nicht mehr erholte. Beinahe jeden Tag besuchte sie einer der beiden Söhne, um sie in ihren letzten Tagen zu trösten und zu ermutigen. Allmählich verschlechterte sich ihr Zustand und in der ersten Septemberwoche schien ihre Lebensflamme so schwach, dass zu erwarten war, sie würde ganz verlöschen. Doch selbst in dieser Situation bewies Mrs. Spurgeon ihren starken Glauben an Gott, dem sie so lange vertraut hatte: »Obwohl es zu Ende geht, vertraue ich ihm«, sagte sie schwach und zitierte die Liedzeile: »Seine Liebe in vergangenen Zeiten verbietet mir zu denken, er würde mich in der Not zuletzt alleine lassen.«* Dann bat sie die Umstehenden, den Text zu vollenden. Aber die schwache Frau hatte eine Zähigkeit, die man kaum erwartet hätte. Woche für Woche schwebte sie zwischen Leben und Tod und wurde täglich schwächer. Am 7. Oktober segnete sie ihren Sohn Thomas: »Der Segen, der zweifache Segen vom Gott deines Vaters sei auf dir und auf deinem Bruder«, sagte sie, und wenige Augenblicke später: »Auf Wiedersehen, Tom. Der Herr segne dich für immer und ewig. Amen.« Kurz vor ihrem Ableben faltete sie ihre

* »His love in times past // forbids me to think // He'll leave me at last // in trouble to sink.« Diesen Vers aus John Newtons Lied *I will Tust and not be afraid* hatte Charles Spurgeon des Öfteren in seinen Predigten zitiert.

schwachen Hände und ihr Gesicht strahlte mit himmlischem Leuchten, und sie rief aus: »Gepriesener Jesus! Gepriesener Jesus! Ich kann den König in seiner Herrlichkeit sehen!«

Am Donnerstag, den 22. Oktober 1903, verschied Mrs. Spurgeon friedlich um 8.30 Uhr. Sie wurde auf dem Friedhof von Norwood in dem Grab beerdigt, in dem die sterblichen Überreste ihres Mannes lagen. Pastor Archibald Brown, der bei der Beerdigung von C. H. Spurgeon so wunderbare Worte gefunden hatte, hielt gemeinsam mit Pastor Sawday den Trauergottesdienst für die große Pastorenfrau.

Resümee

Mrs. Spurgeon ist von uns gegangen, aber ihr Werk besteht fort. Ihre letzten Gedanken galten dem Buchfonds und den bedürftigen Pastoren, denen dadurch geholfen wurde. In ihrem Testament hinterließ sie eine Geldsumme für das Werk, dessen Beginn und anhaltender Erfolg ihrem unermüdlichen Eifer zu verdanken war. Des Weiteren wünschte sie, dass ihre über 40 Jahre lange Freundin, Miss E. H. Thorne, den Buchfonds mit seinen unterschiedlichen Zweigen weiterführt. Zusammen mit Pastor J. S. Hockey stimmte Miss Thorne dem zu und ihre Begeisterung für das Werk wurde nur von der von Mrs. Spurgeon übertroffen. Alle Christen, die die Unternehmungen der verstorbenen Dame mit Interesse verfolgten, waren sehr froh darüber, dass es nicht das Ende des Buchfonds bedeutete. C. H. Spurgeon schrieb einmal:

> Diese gute Arbeit, geistliche Nahrung an Pastoren zu verteilen, soll nicht beendet werden, bevor sich deren Einkommen nicht verdoppelt hat. Möge der Buchfonds von Mrs. Spurgeon zu einer beständigen Segensquelle für Pastoren und Gemeinden werden!

Die Arbeit durfte nicht aufgrund fehlender Spenden in Stocken geraten, und da der Bedarf stets viel höher war als die Vorräte, konnten die nötigen Mittel gar nicht schnell genug entgegengenommen werden. Dass die hingegebene Dame, die den Buchfonds ursprünglich gegründet, über so lange Zeit erfolgreich geführt und zu Lebzeiten so großzügig mit ihrem Dienst und Vermögen gefördert hatte, Geld für den Fonds hinterließ, wird andere »Haushalter des Herrn« zweifellos zu freimütigem Geben anspornen, so dass dieses wichtige Werk mehr und mehr die Bedürfnisse stillen kann, für die es ins Leben gerufen wurde.

Charles Haddon Spurgeons »silberne Glocke« war verstummt. Doch sollte seine Voraussage eingetreten sein, dann steht er nun an irgendeiner Straßenecke der himmlischen Stadt und verkündet den vorübergehenden Engeln die »alte Geschichte von Jesus und seiner Liebe.« Und auf Erden predigt seine »Feder« weiterhin zu Millionen von Menschen unserer Generation. Susannah Spurgeon hat diesen Dienst trotz aller körperlichen Einschränkungen und Schwächen in unschätzbarem Maße durch Gottes Gnade gefördert.

Zeitskala

15.1.1832	Susannah Thompson wird geboren
19.6.1834	Charles H. Spurgeon wird geboren
28.4.1854	Charles wird Pastor an der New Park Street Chapel
8.1.1856	Hochzeit von Charles und Susannah
20.9.1856	Geburt von Thomas und Charles
19.10.1856	Tragödie in der Surrey Music Hall
18.3.1861	Eröffnung des Metropolitan Tabernacle
1865	Susannah wird chronisch krank
1867	Gründung des Waisenheims
1868	Susannahs Krankheit bindet sie ans Heim
1868	Fertigstellung des Pastor's College
1875	Gründung von Susannahs Buchfonds
31.1.1892	Charles H. Spurgeon stirbt
22.10.1903	Susannah Spurgeon stirbt

THE YOUNG LECTURERS AND THEIR DEAR MOTHER.

Susannah Spurgeon mit ihren Söhnen

Buchempfehlung

Charles H. Spurgeon

Erwählt vor Grundlegung der Welt

Predigten über die Erwählung und Souveränität Gottes

Paperback, 125 Seiten
Betanien Verlag, 2004
ISBN 978-3-935558-64-8
4,90 Euro

Die biblische Lehre von der Erwählung wird heute oft missverstanden oder sogar bekämpft. Anstatt Gottes Souveränität anzuerkennen, wird der Mensch ins Zentrum gerückt, und man appelliert an seinen vermeintlichen »freien Willen«, anstatt durch die Verkündigung des Evangeliums der Gnade das Rettungswerk Gott zu überlassen. Der bekannte Prediger C. H. Spurgeon hatte zu diesen humanistischen Tendenzen deutliche Worte und äußert sich hier über Erwählung, wirksame Sühnung und Berufung und die Verdorbenheit des Menschens und seines unfreien Willens.

Weitere Bücher vom Betanien Verlag

Elisabeth George
Eine Frau nach dem Herzen Gottes
Biblische Studien über ein gesegnetes Leben
Hardcover · 270 Seiten · ISBN 3-935558-65-1 · 15,90 Euro

Eine praktische und ermutigende Hilfe, um in der Beziehung zum Herrn, im Alltag mit Mann und Kindern, in der Aufgabe als Hausfrau und im Dienst in der Gemeinde zur Ehre Gottes zu leben.

Glenda Revell
Ungewollt und doch geliebt
Wie Gott mich durch Leid und Ablehnung führte
Paperback · 126 Seiten · ISBN 978-3-935558-94-5 · 4,90 Euro

Glenda durchlebte eine schlimme Kindheit und viel Leid: sexueller Missbrauch, Mobbing durch die Mutter, Magersucht ... Aber sie lernte, sich nicht als Opfer zu sehen und lernt die Gnade und Hilfe Gottes in ihrem Leben dann auch ganz praktisch kennen. Elisabeth Elliot wurde später zu ihrer Ziehmutter.

Moody Adams
Der letzte Held der Titanic
John Harper – die Geschichte des Passagiers und Predigers
Paperback · 126 Seiten · ISBN 978-3-935558-99-0 · 6,90 Euro

An Bord der Titanic war auch John Harper, ein Prediger, unterwegs zur Moody Church in Chicago. Er verkündete auf dem sinkenden Schiff bis zum Schluss das Evangelium. Von seinem Vorbild und dem Schicksal der Titanic können wir viel lernen.

Iain Murray
John MacArthur
Dienst am Wort und an der Herde
Paperback · 274 Seiten · ISBN 978-3-935558-48-8 · 7,90 Euro

Eine Biografie über einen Gottesmann noch zu seinen Lebzeiten? Diese Lebensskizze ist vielmehr eine Dienstbeschreibung und liefert ein Vorbild, wie viel Frucht es bringt, die Priorität auf das Studium des Wortes Gottes und dem Dienst an seinem Volk zu setzen.